Regina Först • Ausstrahlung

REGINA FÖRST

AUSSTRAHLUNG

Wie ich mein Charisma entfalte

Fotografiert von Constanze Wild

KÖSEL

3. Auflage 2003

© 2002 by Kösel-Verlag GmbH & Co., München
Printed in Germany. Alle Rechte vorbehalten.
Lektorat: Ulrike Reverey
Layout und Herstellung: Armin Köhler
Lithografie: Typosatz W. Namisla, München
Druck und Bindung: Kösel, Kempten
Umschlagfoto und Fotos im Innenteil: Constanze Wild, München
Umschlaggestaltung: Kosch Werbeagentur GmbH, München
ISBN 3-466-34449-2

Gedruckt auf umweltfreundlich hergestelltem Bilderdruckpapier
(säurefrei und chlorfrei gebleicht)

INHALT

Widmung 7
Dank 8

EIN WORT VORAB 11

SIE SIND EINMALIG! 13
Unsere einschränkenden Glaubenssätze 16
Sieben neue Glaubenssätze 18
Was glaube ich über mich? 19

»ICH BIN EINZIGARTIG« 21
Schluss mit falschen Idealen 22
Was ist Ausstrahlung? 24
Her mit den Komplimenten! 25
Wie schätze ich mein äußeres Erscheinungsbild ein? 27
Eigenlob stinkt – oder? 28

»ICH MAG MICH, WIE ICH BIN« 29
Die Selbst-AG 30
Wie stehen meine Aktienkurse? 35
Wie denken Sie über sich? 37
Meinen Körper spüren 40

»ICH LENKE MEINE GEDANKEN« 41
Im Augenblick leben 42
Verstehen entsteht in der Stille 45
Lauschen auf die Stille 45
Löschen Sie nutzlose »Programmierungen«! 46

»ICH KENNE MICH SELBST« 47
Willkommen in Ihrem Lebenshaus! 47
Wie ich wurde, was ich bin 49
Die Sprache des Körpers 50

Botschaften ohne Worte 52
Wir reden mit den Händen 52

5 »MEIN LEBEN IST LIEBE« 55

Von der Liebe, die Halt gibt 55
Das Gesetz des Universums 59
Heiliger Boden 60
Liebevolles Business 61
Dankbarkeit tut gut 64

6 »ICH KENNE MEINE ZIELE« 65

So werde ich »zielsicher«! 66
Das Bild meiner Zukunft 67

EIN AUSFLUG IN DAS LAND DER FARBEN 71

Eine Farbe hören und erleben 74
Unsere Heimatfarbe 75
Wie Farben wirken 79
Einladend oder abweisend? 85
Seelenfarben 87
Welche ist »meine« Farbe? 89
Der respektvolle Umgang mit Farben 99

7 »ICH KENNE MEINE WIRKUNG« 101

Die Macht des ersten Eindrucks 101
Kleidung setzt Signale 103
Harmonie innen und außen 105
Meine optischen Signale 112
Haare als Boten der Seele 114
Seien Sie authentisch! 119

EIN NEUER ANFANG 121

Wir müssen gar nichts 122
Heute ist ein Lächeltag 125
Glaub an Wunder, weil du selbst eines bist 126

Wegbereiter, Weggefährten 128
Literaturempfehlungen 129
Kontakt 130

FÜR KATHARINA UND MAXIMILIAN

Ich möchte euch lieben, ohne euch einzuengen,
euch wertschätzen, ohne euch zu bewerten,
euch ernst nehmen, ohne euch auf etwas festzulegen,
zu euch kommen, ohne mich euch aufzudrängen,
euch einladen, ohne Forderungen an euch zu stellen,
euch etwas schenken, ohne Erwartungen daran zu knüpfen,
von euch Abschied nehmen, ohne Wesentliches versäumt zu haben,
euch meine Gefühle zeigen, ohne euch für sie verantwortlich zu machen,
euch etwas sagen können, ohne euch zu beleidigen,
mich um euch kümmern, ohne euch verändern zu wollen,
mich an euch freuen, so wie ihr seid.

DANK

Von ganzem Herzen möchte ich meiner Familie, insbesondere meinen Eltern für ihre einhundertprozentige Loyalität danken. All den Menschen, die mich durch Freud und Leid auf meinen Weg geschickt haben. Und Inge, die wie ein schützender Engel die Hand über mich hält.

EIN WORT VORAB

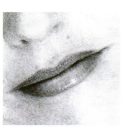

Was macht mein besonderes Flair aus? Passt mein Aussehen zu meinem inneren Erleben, passt es zu der Wirkung, die ich bei anderen erzeugen will, passt es zu der Person, die andere in mir sehen? Umgebe ich mich mit Farben, die mir gut tun, und die dem gerecht werden, was ich von mir zeigen möchte? Fühle ich mich anderen gewachsen oder werde ich leicht übersehen? Kann ich mich selbst genießen oder brauche ich unbedingt Anerkennung von außen? Fällt es mir leicht, mit Freunden, Kollegen, Geschäftspartnern in Kontakt zu kommen? Kann ich spontan auf Menschen zugehen?

Wenn Sie sich solche oder ähnliche Fragen manchmal stellen, dann ist mein Buch für *Sie* geschrieben! Es richtet sich an alle, die sich ihrer Einzigartigkeit bewusst werden wollen, die über sich selbst, ihr Äußeres und ihren Stil nachdenken, die Einfluss darauf nehmen wollen, wie sie auf sich selbst und andere wirken, die ihr inneres und äußeres Potential erkennen und einfach zufriedener mit sich selbst leben möchten.

Dabei geht es weniger um äußerliche Veränderungen, die »das Beste aus Ihrem Typ machen«. Ich möchte Sie vielmehr einladen, erst einmal in sich hineinzuschauen und zu fragen: Wie sehe ich mich selbst und was von diesem inneren Bild möchte ich nach außen tragen? Warum fällt es immer wieder schwer, mich selbst so zu akzeptieren, wie ich bin? Was hat mich geprägt, was macht mich glücklich? Was ist mir wirklich wichtig? Was bringt mein Herz zum Singen?

Wir werden uns in diesem Buch ganz intensiv damit beschäftigen, warum so viele Menschen heute mit ihrer Ausstrahlung unzufrieden sind und – ganz wichtig – wie Sie (ab sofort) selbst-bewusster (sich Ihrer selbst bewusst) und liebevoller mit sich umgehen

> Man kann einen Menschen nichts lehren. Man kann ihm nur helfen, es in sich selbst zu entdecken.
>
> Galileo Galilei

können. Ihr persönliches Charisma wartet nur darauf, sich noch stärker entfalten zu können.

Auch von »Äußerlichkeiten« wie Kleidung, Farben oder Körpersprache wird die Rede sein. Denn das sind die Signale, mit denen wir – meist unbewusst – zeigen, wie es gerade in uns aussieht. Umgekehrt können wir zum Beispiel mit bestimmten Farben in der Kleidung unser Befinden beeinflussen. Menschen, die mit uns zusammenkommen, spüren diese Wirkung ebenfalls und geben uns durch ihr Verhalten unterschiedliche Antworten auf unsere Botschaft. So entsteht ein faszinierendes Beziehungsdreieck, in dem Worte kaum eine Rolle spielen. Je mehr Sie darüber wissen, desto leichter wird es Ihnen fallen, Ihre Persönlichkeit, Ihre »inneren Werte« nach außen strahlen zu lassen – und genau das meinen wir ja, wenn wir von »Ausstrahlung« sprechen

Mit kleinen Übungen und Tests werde ich Sie außerdem immer wieder zum spielerischen Ausprobieren einladen, sich Ihrer eigenen Ausstrahlung bewusst zu werden.

Verstehen Sie mich bitte als jemand, der bei Ihnen anklopft und Sie an Dinge erinnert, die Sie wissen und können, die aber vielleicht im Laufe Ihres Lebens ein wenig nach hinten gerückt und so in Vergessenheit geraten sind. Und vielleicht möchten Sie ja gerade *jetzt* damit beginnen, nach dem zu suchen, was in Ihnen wohnt.

Ich wünsche Ihnen auf der nun folgenden Entdeckungsreise ein achtsames Herz und wundervolle Erkenntnisse, die hinführen zu dem, was in Ihnen leuchtet und seinen Weg nach außen sucht.

Ihre Regina Först

SIE SIND EINMALIG!

Unter Milliarden von Menschen gibt es Sie nur einmal! Nur Sie mit Ihrem typischen Lächeln, dem kritischen Blick und klugen Verstand, mit Ihren leuchtenden Augen und dem unverwechselbaren Gang, mit Ihrer Begeisterung oder stetigen Gelassenheit, mit Ihrem Mitgefühl, Ideenreichtum, Eigensinn – kurzum, mit Ihrer ganz persönlichen Kraft und Stärke.

Doch viel zu selten ist uns das bewusst. Viel häufiger dagegen regiert der Zweifel – wir fühlen uns hässlich, elend, ungeliebt, einsam und wertlos. Wir suchen nach Wegen, Mitteln und Lösungen, um uns ins rechte Licht zu rücken. Wir sind unzufrieden mit uns und möchten unser Leben zum Positiven hin verändern. Wir schauen in den Spiegel und finden, dass wir nicht dem gängigen Schönheitsideal entsprechen, finden uns zu dick oder zu dünn, zu groß oder zu klein, auch gefällt uns unser Körper nicht, und wir hätten lieber lockige Haare statt glatte, oder umgekehrt. So sind wir ständig auf der Suche nach dem, was uns zu fehlen scheint. Wir haben das Gefühl, dass andere besser und auch klüger und vom Leben bevorzugter sind, und so sind wir bei der täglichen Betrachtung im Spiegel mit uns selbst unzufrieden und ständig auf der Suche nach der optimalen Lösung, scheinen aber nicht recht fündig zu werden.

Kein Wunder – wenn wir ständig im Außen suchen, wird sich nicht wirklich etwas ändern können, denn alles, was wir für ein glückliches Leben brauchen, tragen wir bereits in uns. Mein Buch soll Sie dabei unterstützen, Ihren Schatz einfach wieder zu entdecken und zu bergen.

Was wir erst mühsam lernen müssen, können kleine Kinder ganz von allein. Wer von Ihnen in Kontakt mit kleinen Kindern ist, kann beobachten, dass Kinder ganz anders mit sich und anderen umge-

---

Henry David Thoreau

Was vor uns liegt und was hinter uns liegt, sind Kleinigkeiten zu dem, was in uns liegt Und wenn wir das, was in uns liegt, nach außen in die Welt tragen, geschehen Wunder.

hen, als wir es mit uns selbst tun. Sie können alles, worum es in diesem Buch geht. Kinder kommen auf die Welt und werden zunächst einmal so geliebt, wie sie sind. Aber dann gibt es irgendwann den Zeitpunkt, ab dem die Liebe nicht mehr so bedingungslos fließt, und sie lernen, dass Menschen sie nicht so lieben, wie sie sind, sondern so, wie die anderen sie haben wollen. Böse Zungen behaupten sogar, dass viele Eltern ihre Kinder nur deshalb erziehen, um sich selbst nicht zu blamieren.

Aus meiner Sicht sind Kinder keine kleinen Geschöpfe, die sich erst noch entwickeln müssen. Bei manchen habe ich sogar den Eindruck, dass sie weiter sind als ihre Eltern. Könnte es nicht auch sein, dass nicht nur die Eltern für ihre Kinder da sind, sondern auch umgekehrt die Kinder dafür da sind, ihre Eltern eine bestimmte Lektion lernen zu lassen?

Auch für mich sind meine beiden Kinder die wichtigsten Lehrmeister. Ich habe unendlich viel von ihnen gelernt und einige Erlebnisse möchte ich gerne mit Ihnen teilen.

BEISPIEL:

Als ich eines Tages im Badezimmer stand und mich frisierte, kam meine kleine Tochter herein, ging langsam auf den Spiegel zu und betrachtete sich mit verklärtem Blick. »Katharina, was schaust du dich denn so an?«, fragte ich. Ihre Antwort: »Ach Mami, ich könnte weinen vor Glück, wenn ich sehe, wie schön ich bin.« Ich lachte und sagte: »Genau, wie Recht du hast, vergiss das bloß nie! Weißt du, Katharina, genau das möchte ich den Menschen in meinen Seminaren wiedergeben, dass sie ihr Spiegelbild genießen, sich wieder schön finden und sich ihrer Einzigartigkeit bewusst werden.« Da baute sich die Kleine vor mir auf, guckte mich verständnislos an und sagte: »Mami, dafür kannst du doch kein Geld nehmen, das weiß doch jeder über sich!«

Wirklich???

Meine Beobachtung ist, dass die meisten Menschen schon frühmorgens ankündigen, was sie dann den ganzen Tag über mit sich selbst machen: »Ich gehe mal eben ins Bad und mach mich fertig.« Vielleicht kommt Ihnen der Satz bekannt vor. Einverstanden, Sie

---

Gelesen im Hotel »Die Wutzschleife« in Rötz

Es gibt nur einen Menschen auf der Welt, der dich wirklich frei machen kann.

Es gibt nur einen Menschen auf der Welt, der dich wirklich unfrei machen kann.

Möchtest du diesen Menschen besser kennen lernen?

Dann stell dich vor den Spiegel – lache und sage: »Hallo!«

Ich bin ich

meinen zunächst einmal etwas ganz anderes damit. Nur – viele nehmen diesen Satz letztlich wortwörtlich, denn kaum stehen sie vor dem eigenen Spiegelbild, geht das Gemecker über sich selber los. Wenn sie sich dann vielleicht noch auf die Waage stellen und das Ergebnis ihnen ebenfalls nicht gefällt, hebt das nur selten die Laune – und was all das mit der Ausstrahlung macht, ist wohl klar. Dann braucht es nur noch jemanden, der uns nicht ganz freundlich begegnet, und der Tag ist »gelaufen«.
Dabei ist Ausstrahlung eine innere Qualität, die sich nach außen präsentiert. Ausstrahlung bedeutet im Wortsinn, dass etwas von innen nach außen strahlt – in diesem Fall Ihr Inneres, Ihre Persönlichkeit, Ihr Wesen. Sie ist nichts anderes als die Brücke zwischen dem inneren Zustand und der äußeren Erscheinung eines Menschen. ■

UNSERE EINSCHRÄNKENDEN GLAUBENSSÄTZE

Wenn es so ist, dass wir uns als kleine Kinder so genießen konnten, wie wir waren, stellt sich die Frage: Was ist nur passiert auf dem Weg zum Erwachsenwerden?

> Der, der ich bin, grüßte traurig den, der ich sein könnte.

Wir haben im Laufe unseres Lebens eine Menge gehört von all den Menschen, die uns erzogen und begleitet haben. Neben viel Sinnvollem und Stärkendem, das sie uns mitgaben, waren jedoch immer wieder Botschaften dabei, die uns damals im Zaum hielten, aber auch heute noch einschränken und unser Leben in oft erschreckendem Maße beeinflussen.

Wenn ich Teilnehmer in meinen Seminaren frage, ob sie sich an solche Sätze aus ihrer Kindheit erinnern können, dann braucht es wirklich nur wenige Augenblicke und es sprudelt voller Emotionen aus ihnen heraus – völlig unabhängig davon, wie viele Jahrzehnte schon dazwischenliegen. Es sind Sätze wie »Das schaffst du ja doch nie« oder »Dafür bist du viel zu faul/zu dumm/zu dick/zu feige«. »Jungs weinen nicht.« »Ich muss ...« »Was sollen denn die Leute sagen?« »Benimm dich wie eine Dame.« »So geht das aber nicht!« »Wie siehst du denn aus!« »Zieh dich mal ordentlich an.« »Rede erst, wenn du gefragt wirst.«

Erstaunlicherweise ist die Erinnerung an solche negativen Sätze viel präsenter als an die positiven. Ihre Botschaften wurden verinnerlicht und für viele zur Wahrheit – zu so genannten Glaubenssätzen. Wir glauben daran, ohne uns auch nur ein einziges Mal zu fragen, ob sie eigentlich für uns richtig sind. Und oftmals bremsen wir uns damit in unseren Möglichkeiten, in der Entfaltung unseres Potentials total aus.

Satz für Satz haben wir uns so »buchstäblich zugeklebt«, sodass wir hinter diesen Etiketten manchmal kaum noch zu sehen sind. Ich denke, es ist nun an der Zeit, einige von diesen Etiketten abzuziehen und zu schauen, was dahinter zum Vorschein kommt.

Damit wir uns nicht falsch verstehen: Eltern, Erzieher und Lehrer machen ihre Sache so gut, wie sie es aus ihrer Sicht können. Und niemand hat uns gezwungen, uns eher die »Bremssätze« als die »Go-on«-Botschaften zu merken. Die Frage ist nur, warum taten wir es denn? Es hat also eben auch etwas mit uns selbst zu tun. Wir sind nicht Opfer der anderen. Wir sind Opfer unseres eigenen Denkens. Oft sind wir einfach nur in uns selbst gefangen, wie die folgende Geschichte erzählt:

DER KLEINE VOGEL

Ein Vögelchen lebte seit vielen Jahren in einem Käfig. Das Türchen war immer verschlossen gewesen, bis auf heute, da hatte man es versehentlich offen gelassen. Mit einem Satz war der Vogel an der Öffnung und betrachtete dort die weite Welt. Sein kleiner Körper zuckte vor Aufregung und Verlangen nach den weiten Räumen, die für seine Flügel wie geschaffen waren. Doch dann dachte er sich: »Wenn ich hinausfliege und sie die Käfigtür vielleicht wieder zumachen, bleibe ich als Gefangener draußen.« Der kleine Vogel machte kehrt und kurz darauf sah er mit Befriedigung, wie sich das Türchen wieder schloss, was seine Gefangenschaft endgültig besiegelte.
(Pedro Zimmermann)

Einschränkendes Denken wird in der Kindheit geprägt. Nach einer Untersuchung der amerikanischen Harvard-Universität hört jeder Mensch bis zu seinem 18. Lebensjahr rund 148.000-mal das Wort NEIN, und das bleibt sicher nicht ohne Wirkung. Doch auch wenn manche von uns vielleicht eine schwere Kindheit hatten: Ich halte nichts davon, sich ein Leben lang darüber zu beklagen. Wichtig ist, sich Vergangenes bewusst zu machen – dann können wir in der Gegenwart vieles ändern. Denn es sind unsere Überzeugungen, die uns kontrollieren. ■

> **Jane Hundley, Exmodel und Buchautorin**
>
> Es gibt Gedanken, die Ihnen Kraft geben, und andere, die Sie schwächen, und täglich treffen Sie unter diesen die Wahl. Wenn Ihnen zum Beispiel jemand etwas Negatives sagt, wird Sie das entsprechend beeinflussen. Sie haben keinen Einfluss darauf, was andere zu Ihnen sagen, aber Sie haben die Macht, zu wählen, ob Sie diesen Gedanken in die Zukunft mitnehmen oder nicht. Wir haben immer die Wahl und die Macht, Gedanken anzunehmen oder zurückzuweisen.

SIEBEN NEUE GLAUBENSSÄTZE

Sich negative Botschaften bewusst zu machen mag im Moment schmerzhaft sein, vor allem aber gibt es Kraft – so paradox dies vielleicht klingt. Denn es ist der erste Schritt, um die eigene Persönlichkeit zu entfalten, eine starke Ausstrahlung zu entwickeln. Negative Glaubenssätze kommen meist von anderen und enthalten oft das Wort »Du«. Ich habe deshalb für Sie sieben positive Glaubenssätze formuliert, die fast alle mit einem starken »Ich« beginnen. Das soll keine Aufforderung zu übermäßigem Egoismus sein, im Gegenteil: Achtung und Respekt vor anderen ist einer der wichtigsten Werte überhaupt. Nur – wie immer – fängt der Weg bei uns selbst an: Wie könnten wir jemanden liebevoll und respektvoll behandeln, wenn wir es nicht auch uns selbst gegenüber sind? Denn nur wer sich selbst annimmt und respektiert, kann auch anderen diese Gefühle zeigen. Anders ausgedrückt: Ein bisschen mehr Ich fördert das Wir.

Bevor es nun richtig losgeht, ist es wichtig, dass Sie sich einige Gedanken darüber machen, wie Sie sich selbst sehen.

WAS GLAUBE ICH ÜBER MICH?

Ich möchte Sie einladen, sich einmal damit zu beschäftigen. Denn nur das, was uns bewusst ist, können wir auch ändern.

Meine fünf einschränkenden Glaubenssätze

- 1.
- 2.
- 3.
- 4.
- 5.

Welche negativen (aber vielleicht auch positiven?) Konsequenzen haben diese Sätze für Ihr Leben bereits gehabt?

- Zu 1.
- Zu 2.
- Zu 3.
- Zu 4.
- Zu 5.

Möchten Sie den ein oder anderen Satz verändern? Verabschieden Sie solche, die Sie auf Ihrem Lebensweg nicht weiterbringen, und formulieren Sie genau die Sätze klar und eindeutig, die Sie dort hinbringen, wo Sie auch wirklich hinwollen.

»ICH BIN EINZIGARTIG«

Eine altgriechische Sage erzählt von dem schönen Jüngling Narziss, der jeden Tag seine Schönheit im Spiegelbild eines Teiches bewunderte. Er war so von sich fasziniert, dass er eines Tages das Gleichgewicht verlor und ertrank. An jener Stelle im Teich wuchs eine Blume, die den Namen Narzisse erhielt.
Der englische Schriftsteller Oscar Wilde hat die Sage wie folgt zu Ende erzählt: Nach dem Tod des Jünglings kamen Waldfeen an den See – und fanden einen Tümpel aus salzigen Tränen.
»Warum weinst du?«, fragten die Feen.
»Ich trauere um Narziss«, antwortete der Teich.
»Das überrascht uns nicht, denn obwohl wir alle hinter ihm herliefen, warst du der Einzige, der seine betörende Schönheit aus nächster Nähe bewundern konnte.«
»War Narziss denn so schön?«, verwunderte sich der See.
»Wer könnte das besser wissen als du?«, antworteten die Waldfeen überrascht. »Schließlich hat er sich täglich über deine Ufer gebeugt, um sich zu spiegeln.« – Da schwieg der See eine Weile. Dann sagte er: »Zwar weine ich um Narziss, aber dass er so schön war, habe ich nie bemerkt. Ich weine um ihn, weil sich jedes Mal, wenn er sich über mein Wasser beugte, meine eigene Schönheit in seinen Augen widerspiegelte.«

Wie wichtig es für die Selbstakzeptanz ist, sich immer wieder auch einmal selbst zu bewundern, klang auf den vorangegangenen Seiten schon an. Mindestens ebenso wichtig ist es jedoch, zu erkennen, dass diese Bewunderung eine innere Basis braucht, damit sie nicht zu einer leeren Hülle wird, die nur im Äußeren verharrt oder aber in zu starkem Selbstbezug den Kontakt zu anderen verliert – wie das Beispiel vom Teich und von Narziss zeigt.

Unser Leben verläuft in Resonanz: Wir senden und empfangen, senden und empfangen ... Und wir haben dabei ständig aufs Neue die Wahl, wie stark wir uns selbst einbringen in Offenheit, Respekt und Liebe – mit allem, was unser Inneres an Schätzen bereithält.

SCHLUSS MIT FALSCHEN IDEALEN!

Uns steht eine riesige Palette an Möglichkeiten zur Verfügung, um unsere »inneren Lichter« zum Strahlen zu bringen – und wir nutzen so wenige davon. Das kommt daher, dass die meisten von uns in einem ständigen Widerspruch leben: Von außen – nicht nur von Menschen in unserer Umgebung, sondern zum Beispiel auch durch Werbung und Mode – werden Erwartungen an uns herangetragen, wie wir auszusehen und uns zu verhalten haben. Wenn wir Zeitschriften durchblättern oder den Fernseher einschalten, sehen wir fast nur ideale Größen und Formen, perfekt sitzende Frisuren, makellose Haut, aber niemals dicke Menschen und schon gar nicht Cellulite. Willkommen im Land der Phantasien und Illusionen! Was für ein Unsinn wird uns da vorgegaukelt. Die Wahrheit ist: *Jeder Mensch ist einzigartig, etwas ganz Besonderes* – ganz gleich, ob mit dicker Nase oder Fältchen, die ihren eigenen Charme besitzen.

Leider können die wenigsten Menschen ihre Einzigartigkeit genießen, weil sie sich selbst nur im Vergleich zu den anderen anschauen und dabei in ihrer Wahrnehmung grundsätzlich schlechter abschneiden. Wie oft höre ich Sätze wie »Die haben gut reden, die sind ja schlank« oder »Der ist ja erfolgreich«. Ich kann dann immer nur antworten: »Wer sagt Ihnen, dass vermeintlich schlankere und erfolgreichere Menschen tatsächlich glücklicher sind als Sie?« Henry David Thoreau merkt dazu an: »Wozu diese verzweifelte Jagd nach Erfolg? Noch dazu bei so waghalsigen Unternehmungen? Wenn ein Mensch nicht Schritt hält mit seinen Mitmenschen, dann kommt das vielleicht daher, dass er einen anderen Rhythmus hört. Soll er doch nach der

Das Einzige, was einem Menschen abträglich ist, was ihn nicht schön wirken lässt, ist, wenn er bei seinem Blick in den Spiegel sich nicht selbst bewundert.

Musik marschieren, die er vernimmt, einerlei, in welchem Takt und woher sie kommt.«

Das Vergleichen mit anderen geht so weit, dass es beispielsweise für viele Frauen geradezu ein Albtraum ist, sich im Frühjahr einen neuen Badeanzug oder Bikini zu kaufen. Denn die winterweiße Haut im gnadenlosen Licht der Umkleidekabine und mögliche Pölsterchen halten dem Idealbild der Models in den Magazinen natürlich keinesfalls stand.

Die meisten von uns machen sich auch ständig Gedanken darüber, was andere vielleicht über sie denken könnten. Doch solange wir uns darüber Sorgen machen, was andere über uns denken, gehören wir ihnen. Allein bei der Vorstellung, andere könnten uns bewerten, geraten wir in Stress. Nur – wem dient es eigentlich, wenn wir uns ständig klein machen? Wenn wir das Feedback anderer brauchen, um uns selbst auch gut zu finden? In Vergleichen zu denken raubt unnötig Kraft, weil wir dann immer »besser« oder »schlechter« sind als andere. Es erfordert eine beständige Beurteilung der anderen oder eine Verleugnung der eigenen Gefühle.

Was für Normen sind es, denen Sie sich unterwerfen? Setzen Sie Ihre eigenen Maßstäbe, haben Sie den Mut, Sie selbst zu sein! Deshalb hier noch einmal zur Erinnerung:

Konzentrieren Sie sich auf Ihre Einzigartigkeit.

WAS IST AUSSTRAHLUNG?

Hier geht es um die positive Ausstrahlung von Menschen, denen Sie im Alltag begegnen bzw. die in Ihrem Leben besonders wichtig sind oder waren. Welcher von ihnen hat Ihrer Meinung nach die größte Ausstrahlung?

Konzentrieren Sie sich für einen Moment – Sie können dabei die Augen schließen – und holen Sie sich diese Menschen vor Ihr inneres Auge: Familienmitglieder, Freunde, Kollegen, Vorgesetzte, Lehrer, ehemalige Mitschüler, Ärzte, bei denen Sie in Behandlung sind oder waren, usw. Sie können auch Menschen wählen, die Sie nicht persönlich kennen – also Schauspieler, Fernsehmoderatoren, Models, Sportstars usw., die Sie sozusagen nur aus der Ferne positiv wahrnehmen. Wichtig ist, dass die jeweiligen Personen eine bestimmte Wirkung auf Sie ausüben.

Sicherlich haben Sie jetzt vier, fünf Personen in der engeren Wahl. Lassen Sie diese Kandidatinnen und Kandidaten vor Ihrem inneren Auge nochmals hin und her gehen. Rufen Sie sich bezeichnende Situationen in Erinnerung – und entscheiden Sie:

Die größte Ausstrahlung hat . . . .

Was macht die Ausstrahlung dieser Person aus?

Schreiben Sie bis zu fünf Merkmale auf:
- 1.
- 2.
- 3.
- 4.
- 5.

Welchen Platz auf Ihrer Liste haben Kleidung, Figur, Frisur und andere äußere Merkmale? Möglicherweise tauchen sie gar nicht auf. Es kann gut sein, dass Sie stattdessen beispielsweise notiert haben: angenehme Stimme, warmes Lächeln, selbstsicher, leuchtende/ausdrucksvolle Augen, mütterlich/väterlich, unbefangen wie ein Kind, ist ausgeglichen, hat meist gute Laune, besitzt Autorität, ist zuverlässig/ehrlich, hat Gottvertrauen, hat ein offenes Herz.

Das – und noch viele andere Merkmale, die ich nicht aufgeführt habe – sind die »inneren Lichter«, die eine starke Ausstrahlung ausmachen. Und sie haben fast nie etwas mit dem idealen »Aussehen« zu tun. Ich bin sicher, dass jeder Mensch viele davon besitzt. Wichtig ist jedoch, sie auch wahrzunehmen. Wie das gelingen kann, auch wenn wir uns dabei selbst so manche Falle stellen, wird im Folgenden geschildert.

HER MIT DEN KOMPLIMENTEN!

Wenn ich Menschen frage, ob sie Komplimente mögen, sagen fast alle ja und fügen hinzu: »Vorausgesetzt natürlich, sie sind ehrlich gemeint.« Und viele beklagen sich darüber, dass sie so selten Komplimente bekommen. Interessant finde ich, wie hilflos genau diese Menschen reagieren, wenn sie dann tatsächlich mit einem Kompliment bedacht werden.

Es ist geradezu paradox: Wir investieren viel Zeit und Geld für unser Aussehen und haben es durchaus gern, wenn jemand uns bestätigt, dass der Aufwand sich lohnt. Oft können wir mit dem Kompliment aber nicht umgehen, es nicht annehmen und reagieren mit Bemerkungen wie »Findest du?«. Oder »Ach, der Rock ... das war ein Schnäppchen, ganz günstig!«. Oder »Die Sachen hab ich schon ewig, die lagen immer ganz hinten in Schrank ...«.

Erkennen Sie sich wieder? Warum reagieren wir oft so verschreckt, wenn wir ein Kompliment bekommen? Und dann wundern wir uns, wenn irgendwann keiner mehr Lust hat, uns eines zu machen! Also: Wie steht es mit unserer Selbst-AG? Komplimente sind unsere »Aktien« – können wir uns nicht einfach freuen, wenn die Kurse gut stehen?

In dem Film »Sechs Tage, sieben Nächte« gibt es einen herrlichen Dialog zum Thema »Komplimente annehmen«. Eine Frau sagt zu einem Mann: »He, gut siehst du aus.« Darauf er: »Ja, danke, ich bin gut.« Was für eine Antwort! Als ich den Film gesehen hatte, dachte ich: Sobald jemand so etwas zu mir sagt, werde ich solch eine Antwort auch einmal probieren.

Nach einem Text von Samy Molcho

Ein Mann sagt zu einer Frau: Du hast wunderschöne Augen.
Die Frau: Ach was, sie sind ganz gewöhnlich.
Der Mann: Aber dein Mund ist herrlich.
Die Frau: Ich habe viel zu dünne Lippen.
Der Mann: Ich bewundere deine Figur.
Die Frau: Wie bitte, ich habe im Moment mein Höchstgewicht!
Da sagt schließlich der Mann: Weißt du was, du hast mich überzeugt. Auf Wiedersehen.

Ungefähr zwei Wochen später war es dann so weit. Ein Seminarteilnehmer kam morgens auf mich zu, gab mir die Hand und sagte tatsächlich: »Gut sehen Sie aus, Frau Först!« »Jetzt oder nie«, dachte ich, strahlte ihn an, nahm meinen ganzen Mut zusammen und antwortete: »Vielen Dank, ich *bin* gut!«

Er starrte mich fassungslos an und dachte vermutlich, ich sei nicht ganz richtig im Kopf. Während des Seminars schaute der Mann mich die ganze Zeit über zweifelnd an und beim Abendessen – wir saßen am selben Tisch – sagte er zu mir: »Ich hab mich immer noch nicht von dem Schreck erholt. Ich bin es gewohnt, dass Frauen Komplimente abwehren und eine Diskussion losgeht.« – Wir haben beide herzlich gelacht.

Was ich daraus gelernt habe: Wir sollten das Thema Aussehen auch mal mit Humor nehmen, nach dem Motto »Be on your joke« herangehen. Wozu der Stress um die Figur oder um ein paar Falten? Wichtig ist, sich selbst zu genießen, sich selbst aber auch mal auf den Arm zu nehmen und sich mit einem Lächeln zu begegnen.

WIE SCHÄTZE ICH MEIN ÄUSSERES ERSCHEINUNGSBILD EIN?

Wie wir uns selbst wahrnehmen und fühlen, ist immer auch eine Sache der Perspektive, das Ergebnis dessen, worauf wir uns konzentrieren. Nehmen Sie doch bitte Stift und Papier zur Hand und schreiben Sie Ihre fünf wichtigsten optischen *Stärken* auf. Schauen Sie auf die Uhr, bevor Sie anfangen, und notieren Sie am Ende, wie lange Sie gebraucht haben.

Was gefällt mir an meinem äußeren Erscheinungsbild?
- 1.
- 2.
- 3.
- 4.
- 5.

Zeit: ....

Das Experiment geht weiter: Nehmen Sie ein neues Blatt, schreiben Sie Ihre optischen *Schwächen* auf und stoppen Sie auch diesmal die Zeit.

Was gefällt mir nicht an meinem äußeren Erscheinungsbild?
- 1.
- 2.
- 3.
- 4.
- 5.

Zeit: ....

Haben Sie länger gebraucht, um Ihre »Stärken« aufzuschreiben, oder denken Sie – wie die meisten Menschen – spontan zuerst an Ihre »Schwächen«?

> Gott hat uns ein Gesicht gegeben. Für unseren Gesichtsausdruck sind wir selber verantwortlich!

EIGENLOB STINKT – ODER?

Stellen Sie sich jetzt bitte vor, Sie sollten die beiden Listen Ihrer Stärken und Schwächen einer Gruppe von Menschen vorlesen. Von den Teilnehmern meiner Seminare, die diese Übung ausprobieren und ihre Ergebnisse der Gruppe vorlesen, habe ich gelernt: Den meisten ist es unangenehm, vor anderen sich selbst zu loben. Viele haben sogar Mühe, überhaupt etwas an sich zu entdecken, das sie uneingeschränkt gut finden!

Manche Menschen haben sogar Schuldgefühle, wenn sie sich etwas kaufen oder gönnen, das ihr Aussehen verbessert. Sie glauben, dass sie es nicht wert sind, und sehen dann natürlich selbst im schönsten Outfit unvorteilhaft aus.

Besonders Frauen haben oft ein negatives oder wenig schmeichelhaftes inneres Bild von sich und neigen zu solch einer Selbstsabotage. Hinter dieser Einstellung verbergen sich oft Glaubenssätze wie: »Eigenlob stinkt« oder »Ich verdiene es nicht, attraktiv auszusehen«.

> Das Äußere ist ein Spiegel der Seele.

2 »ICH MAG MICH, WIE ICH BIN«

Die wenigsten Menschen akzeptieren sich so, wie sie sind. Fast alle haben etwas an sich auszusetzen, sind ständig dabei, etwas an sich selbst zu »verbessern« – und verpassen darüber womöglich das Leben: »Wenn ich erst einmal fünf Kilo weniger wiege, lerne ich bestimmt einen tollen Mann/eine tolle Frau kennen.« »Wenn ich erst einmal gelernt habe, selbstbewusst aufzutreten, kriege ich auch meinen Traumjob.«

Solche Gedanken wirken auf Ihre »inneren Lichter«, so, als würden Sie eine schwarze Decke darüber legen – sie werden zugedeckt und strahlen nicht mehr.

Denken Sie noch einmal an Ihren »Menschen mit der stärksten Ausstrahlung« in der Übung auf Seite 24: Ist diese Person gut aussehend im Sinne gängiger Schönheitsideale? Oder signalisiert sie vielmehr: »Ich mag mich, wie ich bin. Ich kämpfe nicht mit meinem Äußeren, ich habe den Kopf und meine Gefühle frei für das Leben«?

Natürlich haben wir über uns gelernt, dass wir aus Schwächen und Stärken bestehen. Ständig teilen wir uns und andere in gut und schlecht ein. Doch wer hat letztendlich das Sagen darüber, was gut oder schlecht bedeutet? Wer legt die Richtlinien dafür fest? Wer macht die Regeln?

Ich denke, wir machen sie uns selbst, auch wenn wir manchmal allzu gern die Verantwortung auf andere abschieben möchten. Jeder von uns entscheidet für sich immer aufs Neue, wie gut er eine Sache gemacht hat, wie gut er vorankommt. Denn jeder entscheidet in jedem Augenblick für sich, wer er sein will. Das »Richtige« oder »Falsche« ist kein von sich aus gegebener Zustand, es ist eine subjektive Beurteilung innerhalb eines persönlichen Wertesystems. Durch unsere subjektiven Urteile erschaffen wir

> **Anaïs Nin**
>
> Wir sehen die Dinge nicht, wie sie sind, sondern wie wir sind.

unser Selbst. Durch die persönlichen Werte bestimmen und demonstrieren wir, wer wir sind.

Es kostet Sie keine Anstrengung, zu denken: »Ich mag meinen Körper nicht.« Es ist zwar eine subjektive Betrachtung der Dinge, aber diese subjektive Ablehnung wird Ihre objektiven Erfahrungen mit diesem Thema so beeinflussen, dass sie nicht erfreulich werden. Nach diesen Erfahrungen wiederum werden Sie denken, dass Sie ja Recht hatten mit Ihrer Ablehnung. Ihre objektiven Erfahrungen sind nun das Resultat Ihrer zuvor gehegten negativen Gedanken. Eine Umkehrung Ihrer Gedanken wie »Ich liebe meinen Körper und akzeptiere ihn so, wie er ist« kostet ebenfalls keinerlei Anstrengung, erzeugt jedoch ein Gefühl der Freude und beeinflusst jedes Erlebnis positiv.

> Wenn Sie das tun, was Sie immer getan haben, werden Sie auch das bekommen, was Sie immer bekommen haben.

DIE SELBST-AG

Gehören Sie auch zu den Menschen, die unzufrieden mit ihrem Körper sind und ständig Werteurteile über ihren Körper und die körperliche Erscheinung anderer fällen? Die sich an völlig willkürlichen, vorprogrammierten Schönheitsidealen messen? »Solange du nie in den Mokassins eines anderen gelaufen bist, maße dir nicht an, zu beurteilen, wie er sich fühlt«, sagt eine indianische Weisheit. Was ich lehre, was ich den Menschen nahe bringen möchte, habe ich alles am eigenen Leib erfahren dürfen. Ich schreibe ganz bewusst »dürfen«, denn auch diesen schmerzvollen Erfahrungen verdanke ich, was ich heute bin.

In diesem Buch wird es oft darum gehen, was es bedeutet, sich selbst zu verleugnen; wie es sich auswirkt, die innere Stimme abzuwürgen; welchen Preis Menschen zahlen, die »everybody's darling« sein möchten und deshalb ihren eigenen Weg nicht gehen; was es heißt, sich ausschließlich über das Feedback anderer zu definieren und der Anerkennung hinterherzujagen. All das habe ich selbst erlebt.

Bevor ich all dieses erfuhr, hatte ich ein Schlüsselerlebnis. Ich war noch im Studium und belegte eines Tages einen Rhetorikkurs, weil

Das innere Licht nach außen tragen

ich dachte, es könne nicht schaden, das Sprechen vor anderen zu üben. In der ersten Zeit war ich auch ganz locker, doch dann kam »der Tag der Tage«, an dem ich meinen ersten Vortrag halten sollte. Bauchkrämpfe und Schweißausbrüche begleiteten mich bis zum Vorlesungsraum. Plötzlich wusste ich ganz genau, was Mark Twain meinte, als er schrieb: »Das Gehirn ist eine großartige Sache. Es funktioniert vom Augenblick der Geburt an bis zu dem Zeitpunkt, wo du aufstehst, um eine Rede zu halten.«

Ich wollte aber kein Weichei sein, ging nach vorn und hielt aufgeregt und verspannt meinen ersten kleinen Vortrag. Zu meiner absoluten Überraschung meinte der Trainer danach, ich sei ihm »etwas zu selbstsicher, routiniert und unterkühlt«. Ich registrierte dieses Feedback mit zwiespältigen Gefühlen, denn offenbar merkten andere Menschen nicht, wie es in mir aussah.

Denoch fand ich das zunächst mal klasse, denn diese Eigenschaft half mir, die Karriereleiter hochzuklettern. Doch alles im Leben hat zwei Seiten, und so war es auch hier. Die Schere zwischen meiner Wirkung auf andere und der Wirkung auf mich ging Jahr für Jahr weiter auseinander, sodass es nur noch eine Frage der Zeit war, wann diese Schere auseinander brechen würden. Während die anderen mein Lachen wahrnahmen, weinte ich längst nach innen. Doch ich definierte mich über meine Rolle der Karrierefrau und die sah vor: Mir ist nichts zu viel, ich schaffe alles Mögliche locker nebenbei und man kann mich noch nachts um drei als Seelentröster in Anspruch nehmen. Wahrscheinlich fand ich es sogar toll, so gebraucht zu werden. Frau Wichtig flog durchs Leben.

Für mich war es unvorstellbar, auch andere Seiten von mir, nämlich mich verletzlich, hilfsbedürftig oder gar traurig zu zeigen – denn ich war felsenfest davon überzeugt, dass die anderen mich nur meiner Rolle wegen mochten. Da ich ziemlich »hart im Nehmen« war, brauchte ich eine lange Leidenszeit, bis ich aufwachen durfte. Diesen »Weckruf« übernahm mein Körper: Ich wurde immer dicker, obwohl ich an meinem Essverhalten nichts verändert hatte. Das machte mich maßlos wütend, weil ich stets schlank und sportlich gewesen war, brachte mich aber nicht weiter zum Nachdenken, obwohl es mir zusehends schlechter ging, und immer häufiger kippte ich während der Arbeit um.

Krankheit und Schmerzen haben den Sinn, uns aufzurütteln, unsere Aufmerksamkeit zu wecken. Bei mir jedoch dauerte es geraume Zeit, bis ich in einer Klinik endlich einige Tests und Untersuchungen vornehmen ließ. Die Ergebnisse waren dann alles

andere als rosig ... In den nächsten beiden Jahren wurde die Klinik mein Zuhause und zugleich meine Lebensschule. Da hing ich nun an Schläuchen und Geräten, konnte vor mir selbst nicht mehr weglaufen und fragte mich: Wer war ich ohne meine Arbeit? Wer war ich, wenn ich nur so herumlag und nichts leistete?
Ich tat mir selber furchtbar Leid und fand das alles ungerecht. Wieso ich? Gerade ich, die sich doch meist selbst zurücknahm und immer nur für andere da war? Während ich jammerte und einen Schuldigen suchte, brachte mir ein Freund ein psychologisches Buch mit. Irgendwann blätterte ich lustlos darin herum und fand eine Stelle, die mich unglaublich wütend machte. Da stand – schwarz auf weiß –, dass wir alle selbst verantwortlich für unsere Lebenssituation seien. Und wenig später hieß es: »Unsere Organe weinen die Tränen, die unsere Augen nicht vergießen wollen.« Ich hatte damals nicht mehr viel Kraft, aber sie reichte aus, um dieses Buch in die Ecke zu pfeffern. Später, als es mir noch viel schlechter ging – das musste wohl so sein –, kramte ich es wieder hervor, begann zu lesen und ... hörte nicht mehr auf zu weinen.
Ich fing an, gesund zu denken, und die logische Konsequenz war: Ich wurde gesund und nahm auch innerhalb kurzer Zeit ohne besondere Anstrengung 15 Kilo ab. Ich übte mich darin, alle Seiten meiner Person zu akzeptieren, und ich hörte auf, jede kleine Verhaltensweise zu be- und zu verurteilen. Dadurch veränderte sich auch meine Art, andere Menschen zu betrachten. Es entstand eine schöne Wechselwirkung, denn die anderen nahmen mich nun ebenfalls so wahr, wie ich wirklich bin. Sie sahen in mir nicht mehr nur die Powerfrau, sondern einen Menschen, der sich auch mal anlehnen möchte. Und sie mochten mich deshalb umso mehr.
Ich habe diese Erfahrung so ausführlich geschildert, weil es mir ganz wichtig ist, Ihnen zu vermitteln: Ich habe am eigenen Leib erfahren, welchen Preis wir zahlen, wenn wir nicht wir selbst sind, sondern uns »verkaufen«. Heute kann ich von ganzem Herzen sagen: Danke für diese neue Chance. Ich nutze sie. Ich werde es nicht noch einmal vermasseln, versprach ich mir schon damals. Denn: »An dem Tag, an dem du die volle Verantwortung für dich übernimmst, an dem du aufhörst, Entschuldigungen zu suchen, an dem Tag beginnt dein Weg zum Ziel.« (O.J. Simpson)

A. Camus

Mitten im Winter entdeckte ich in mir einen unbesiegbaren Sommer.

WIE STEHEN MEINE AKTIENKURSE?

Bitte beschäftigen Sie sich einmal mit folgenden Fragen und notieren Sie dazu Ihre Antworten:

- Was empfinden Sie für Ihren Körper?
- Was gefällt Ihnen an ihm?
- Was gefällt Ihnen nicht an ihm?
- Was können Sie an Ihrem Körper verändern, zum Beispiel durch eine gesündere Lebensweise?
- Was können Sie – realistisch betrachtet – an Ihrem Körper nicht verändern?
- Wie stehen Sie zu
    - Ihrer Haut und Hautfarbe?
    - Ihrer Größe?
    - Ihrer Figur?
    - Ihrem Haar?
    - Ihrem Gesicht?
    - Ihrem Gesundheitszustand?
- Wie gehen Sie mit Ihrem Körper um?
- Wie pflegen Sie ihn?
- Wie kleiden Sie ihn?

Durch die Beantwortung der einzelnen Fragen bekommen Sie einen besseren Kontakt zu Ihrem Körper. Denn gleichgültig, wie unser Körper aussieht und ob er uns gefällt oder nicht – er gehört nun einmal zu uns, und zwar ein Leben lang. Anders gesagt: Unser Leben dauert nur so lange, wie unser Körper existiert. Aber unsere *Lebensqualität* wird auch davon bestimmt, wie wir mit unserem Körper umgehen.

Jeder Mensch trägt die Verantwortung für seinen Körper und jeder Körper ist formbar. Mit Ausnahme unserer Größe, unseres Grundtyps und der ererbten Merkmale können wir unser Gesicht und unseren Körper formen, von innen wie von außen. Doch insbesondere jene Menschen, die für ihre »Fitness« alles tun, bis zur

Die eigene Sinnlichkeit genießen

Erschöpfung joggen und sich an Kraftmaschinen quälen, sollten häufiger in ihren Körper hineinhorchen und ihn fragen, ob ihm so viel Anstrengung wirklich gut tut. Solche Fragen sollten auch all diejenigen stellen, die ihren Körper wahllos mit Essen und Trinken »voll stopfen«, ohne Rücksicht darauf, was dies mit dem Körper macht. Wir alle haben eine ganz persönliche Körperintelligenz, und wenn wir wieder lernen, auf unsere innere Stimme zu hören, werden wir unseren Körper bestmöglich versorgen. Diese Einstellung würde uns nicht nur seelisch glücklicher machen. Sie könnte auch dazu beitragen, dass viele Krankheiten und Beschwerden gar nicht erst entstehen.

Ich glaube, es ist nur noch eine Frage der Zeit, bis wir zu einem richtig verstandenen Körperbewusstsein finden. Wenn man Trendforschern glauben mag, werden die Menschen in Zukunft vor allem sich selbst, ihr Wohlbefinden, ihre Gesundheit wichtig nehmen und ihr Geld dafür ausgeben. Statussymbole wie das schnelle Auto oder der leistungsstarke Computer werden dagegen an Bedeutung verlieren.

Unser Leben mit all seinen Aufs und Abs bringt es mit sich, dass wir manchen Freunden und geliebten Menschen Lebewohl sagen müssen, oder dass vielleicht materieller Besitz verloren geht. Nur unser Körper wird uns immer begleiten – treu bis zum Ende. Dies zu begreifen ist enorm wichtig!

> Wenn wir unseren Körper vernachlässigen, wo sollen wir dann leben?

WIE DENKEN SIE ÜBER SICH?

Sie finden sich zu dick oder zu dünn, zu klein oder zu groß; das Gesicht hat nicht die richtigen Proportionen, die Haarstruktur ist nicht so, wie sie sein sollte. Nicht wenige Menschen würden ihren Körper liebend gerne gegen ein anderes Modell eintauschen, wenn sie nur könnten. Bezeichnend in diesem Zusammenhang ist auch, in welchem Maße die Zahlen der Schönheitsoperationen steigen. Es gibt Menschen, die sogar das Gefühl beschleicht, ihr Körper betrüge sie, indem er sich abnutzt, krank wird und schließlich stirbt. Manche haben gar keinen Blick mehr für die Realität. Sie orientieren sich, wie schon erwähnt, ausschließlich an den Idealen der Mode und Werbung, versuchen ihnen gerecht zu werden und sind ständig mit ihrer Außenwirkung beschäftigt. Unabhängig davon, wie sie tatsächlich aussehen, was für eine Figur sie haben, ist bei jenen Menschen die Wahrnehmung des eigenen Körpers weit entfernt vom geforderten »Idealzustand«.

Doch je weiter die Schere auseinander geht, desto größer die Gefahr, dass seelische Störungen entstehen. Deshalb ist es wichtig, die Normen und Ideale, die uns von außen aufgedrängt werden, immer wieder zu hinterfragen. Also nochmals:

Die Ausstrahlung eines Menschen ist unabhängig von Gesicht, Figur und Alter!

Insbesondere das Thema Gewicht ist beispielsweise für die meisten Frauen ein wunder Punkt. Warum glauben Frauen über sich, keinen dickeren Bauch, keinen Po haben zu dürfen? Das Wesen der Frau ist die Kurve! Und wie sollen andere uns attraktiv finden, wenn wir selbst uns nicht einmal akzeptieren können?

Eine Umfrage der Universität Gießen unter 13- bis 18-Jährigen (Mädchen) mit Idealgewicht ergab, dass nur gut jede Vierte mit ihren Maßen zufrieden war. 38 Prozent der Mädchen planten, mindestens fünf Kilogramm abzunehmen – der Schönheit wegen. Von elf untersuchten »Playboy«-Models hatten drei weniger als das Normalgewicht für ihre Größe, acht waren stark untergewichtig.

Mit Fakten ist gegen Schlankheitskult und Diätenwahn jedoch kaum anzukommen. Zu festgefahren ist das ungesunde, unrealistische und ungeliebte Bild, das die meisten Frauen, aber zunehmend auch Männer von ihrem Körper »in sich hineingefressen« haben. Sie sind auf dem besten Wege, an Leib und Seele Schaden zu nehmen, und können sich einfach nicht so akzeptieren, wie sie sind. Sie haben ganz und gar verlernt, was sie als Kinder wie selbstverständlich taten – in den Spiegel zu schauen und sich selbst zu genießen.

Wesentlich für jegliche Selbstakzeptanz ist auch ein ausgeprägtes Körpergefühl, der gute Kontakt zum eigenen Körper, der nicht nur durch intensive Bewegung entsteht, sondern auch durch konzentrierte Wahrnehmung erfahren werden kann. Was halten Sie davon, vielleicht eine kleine Pause einzulegen und die Übung auf der nächsten Seite auszuprobieren: die Grundposition des Qigong. Sie hilft, den Körper zu »erden« und den Atem frei fließen zu lassen und ist ideal, um vor einem anstrengenden Tag Kraft zu schöpfen oder sich zwischendurch für ein paar Minuten zu entspannen.

Qigong ist eine jahrtausendealte Bewegungslehre und fester Bestandteil der Traditionellen Chinesischen Medizin (TCM). Zum Qigong gehören Formen der Meditation im Sitzen oder Liegen. Viele Übungen werden im Stehen oder auch im Gehen ausgeführt. Typisch sind die fließenden Bewegungen, die dem Atemrhythmus folgen. In der Medizin werden Qigong-Übungen zum Behandeln von Krankheiten und Beschwerden eingesetzt.

Experten raten davon ab, Qigong im Selbststudium zu erlernen. Einige Bewegungen können mehr schaden als nützen, wenn sie falsch ausgeführt werden. Die Grundposition können Sie jedoch ganz ohne Risiko auch allein ausprobieren. Wenn Sie Lust haben, nehmen Sie den Text der Übung vielleicht auf Kassette auf, damit er sich noch leichter einprägt.

MEINEN KÖRPER SPÜREN

Lockern Sie enge Kleidung (Gürtel, Hosen- oder Rockbund) und ziehen Sie Ihre Straßenschuhe aus. Stehen Sie auf und schicken Sie alle störenden Gedanken vor die Tür. Machen Sie Ihren Kopf leer, seien Sie offen für das, was kommt, und nehmen Sie bitte folgende Position ein:

- Sie stehen aufrecht und stellen die Füße parallel, etwa schulterbreit auseinander. Das Körpergewicht verteilt sich gleichmäßig auf beide Füße.
- Die Knie werden leicht gebeugt, aber nur so weit, wie es Ihnen bequem ist. Wenn Sie das Gefühl haben, dass Sie diese ungewohnte Stellung nicht nur aushalten, sondern sich darin auch wohl fühlen, haben Sie den richtigen Punkt gefunden.
- Kippen Sie jetzt das Becken ein wenig, sodass sich das Steißbein nach vorn schiebt. Spüren Sie, wie die Wirbelsäule sich aufrichtet? Sie soll eine möglichst gerade Linie bilden.
- Nun richten Sie den Rumpf auf und halten den Kopf gerade. Das geht leichter, wenn Sie das Kinn ein wenig zur Brust ziehen.
- Spüren Sie in Ihre Schultern hinein: Sind sie ganz entspannt und in ihrer natürlichen Position?
- Lassen Sie die Arme locker an den Seiten baumeln, sodass unter den Achselhöhlen ein wenig Platz bleibt. Wenn Sie mögen, schließen Sie die Augen.
- Atmen Sie ruhig und ganz ohne Druck ein und aus. Spüren Sie, wie die Luft durch Ihren Körper fließt?
Bleiben Sie in dieser Position, solange es Ihnen angenehm ist. Schicken Sie Ihre Gedanken durch den ganzen Körper: zum Kopf, in den Nacken und zu den Schultern, in die Arme, Hände und Fingerspitzen, dann die Wirbelsäule hinunter bis zum Steißbein, in die Oberschenkel bis hin zu den Knien und die Unterschenkel hinunter bis hin zu den Füßen. Wenn Sie Verspannungen spüren, halten Sie einen Moment inne, atmen Sie aber ruhig und gleichmäßig weiter wie bisher.
Wenn Ihnen störende Gedanken kommen, beschäftigen Sie sich nicht mit ihnen. Sehen Sie zu, wie sie wie eine Wolke weiterziehen.
- Zum Schluss konzentrieren Sie sich noch einmal auf Ihre Fußsohlen: Fühlen Sie den Grund, spüren Sie, dass Sie jetzt »mit beiden Beinen auf dem Boden stehen«?

Bevor du daran gehst,
deine Energie einzusetzen,
lerne, sie zu bewahren.

3 »ICH LENKE MEINE GEDANKEN«

Ein chinesisches Sprichwort sagt: »Wenn du sitzt, dann sitz. Wenn du stehst, dann steh. Was du auch tust – niemals schwanken. Hast du eine Entscheidung getroffen, dann steh dafür ein.« Das klingt viel einfacher, als es ist. Denn um diesen Zustand zu erreichen, müssen wir lernen, unsere Gedanken zu lenken. Dazu gehört, sich immer wieder »leer zu machen«, die Menschen und das Leben auf sich zukommen zu lassen, statt sich selbst vorherzusagen, wie ein Mensch sein wird oder ein Ereignis verlaufen mag und wie unsere Reaktion darauf sein wird. Wie wir die Kraft unserer Gedanken lenken können, statt uns von ihr irreführen zu lassen, zeigt die folgende Geschichte:

Zwei Mönche ziehen durchs Land, ein lernender und ein alter, weiser Mönch. Gegen Ende ihrer Reise erreichen die beiden einen breiten, reißenden Fluss. An seinem Ufer steht eine wunderschöne Frau, die sich nicht hinübertraut und fragt: »Könnt ihr mir helfen?« Der junge Mönch weicht zurück und gibt ihr zur Antwort: »Es tut mir Leid, ich kann dir nicht helfen. Du musst es allein versuchen.« Der alte Mönch dagegen geht auf die junge Frau zu, lässt sie den Arm um seinen Hals legen und trägt sie auf dem Rücken über den Fluss. Am anderen Ufer bedankt sich die junge Frau, und alle gehen ihrer Wege.

Der junge Mönch ist sehr aufgewühlt. Als die Klostermauern schon in Sicht sind, verliert er die Beherrschung und fährt den Alten an: »Ich kann gar nicht glauben, was ich gesehen habe. Wie soll ich mir dich noch zum Vorbild nehmen – ein Mönch darf doch eine Frau nicht so berühren!« Da sagt der alte Mönch mit einem Lächeln: »Ich habe diese Frau nur über den Fluss getragen und am Ufer wieder abgesetzt. Aber du, so scheint es mir, du trägst sie immer noch!«

So wie dieser junge Mönch verhalten wir uns oft – weil wir so viel mit uns herumtragen, was uns daran hindert, den Moment bewusst zu erleben und genau hinzuschauen.

Tragen Sie also nicht alle Lasten auf einmal, sondern konzentrieren Sie sich auf das Geschenk des Augenblicks. Denn das Leben ist hier und jetzt. Es ist nicht *dort*, sondern *hier*; das Leben findet nicht nächste Woche statt, sondern *jetzt*. Dass wir das manchmal nicht mitbekommen, liegt daran, dass wir in den meisten Fällen nicht da sind, wo das Leben ist, sondern irgendwo anders.

IM AUGENBLICK LEBEN

Was denken Sie gerade? Nichts Besonderes? Sie lesen nur in meinem Buch? Wirklich? Oder laufen Ihre Gedanken nebenher, während Sie sich auf den Text konzentrieren: Ich muss gleich noch XY anrufen, jenes noch besorgen, dem noch das sagen usw.

Ich weiß nicht, wie es Ihnen geht, aber ich hatte früher oft das Gefühl, nicht Herr(in) im eigenen Gedankenhaus zu sein. »Ständig denkt es mich.« Auch das ist eine typische Eigenschaft von uns Erwachsenen. Kleine Kinder dagegen können Dinge direkt empfinden, ohne die Einmischung von Gedanken. Wenn sie spielen, vergessen sie alles um sich herum. Kinder sind auch selten müde, und wenn, dann schlafen sie oft mitten im Spiel ein.

Der »Sündenfall« passiert in jedem Menschen, wenn er beginnt, sich Gedanken zu machen – indem wir den Dingen Namen geben und glauben, sie dann zu kennen. Kinder laufen durch die Welt, sehen, riechen und fühlen die Dinge, als sähen sie sie zum allerersten Mal. Wir Großen haben den Dingen Namen gegeben, sie in Kategorien gesteckt. Dies ist gut – jenes ist schlecht. Der Anfang des Denkens scheint der Tod der Sinne zu sein.

Gedanken sind reine Energie – zwar eine sehr subtile, jedoch extrem mächtige Energieform. Kein Gedanke, den Sie je hatten und haben, stirbt. Ein Gedanke existiert in alle Ewigkeit.

Unser Gehirn ist rund um die Uhr im Einsatz. Wissenschaftler haben errechnet, dass pro Tag 45.000 bis 50.000 Gedanken durch

---

Tibetische Weisheit

Kinder sind unsere wirklichen Lehrer. Lerne wieder, ihnen zuzuhören. Sie erzählen dir von der Schönheit, die du nur im Augenblick wiederfindest.

den Kopf wandern, das entspricht bis zu 300 Worten pro Minute. Eine ungeheure Kraft, die wir da haben! Und: Gedanken sind wie Magneten, die ihre Auswirkungen anziehen. Denn jeder Gedanke nimmt Einfluss auf unsere Stimmung, unsere Handlungen, ja, sogar auf unser Aussehen – schlicht: Er kommt irgendwann als Erlebnis zurück.

Es lohnt sich also, sich die eigenen Gedanken bewusst zu machen und ihre Richtung zu lenken. Denn sie können uns helfen, unsere »inneren Lichter« zum Strahlen zu bringen – wenn wir sie nur richtig nutzen würden. Deshalb ist es wichtig, zu überprüfen, ob Ihre Gedanken, Handlungsweisen so sind, wie Sie es wirklich wollen. Die Zähmung der Gedanken, die Kontrolle über sie ist nicht so schwer, wie Sie vielleicht annehmen mögen. Es ist eine Sache der Disziplin, eine Frage der *Absicht*.

Der erste Schritt besteht darin, zu lernen, Ihre Gedanken zu überprüfen, das heißt, über das nachzudenken, worüber Sie denken. Denken Sie darüber nach, was Sie sein, tun und haben wollen. Denken Sie so oft darüber nach, bis Sie sich völlig im Klaren darüber sind. Wenn Sie diese Klarheit haben, denken Sie über nichts anderes mehr nach. Stellen Sie sich keine andere Möglichkeit vor. Verbannen Sie sämtliche negativen Gedanken aus Ihrem Gedankenhaus. Entlassen Sie alle Zweifel und Ängste.

LAUSCHEN AUF DIE STILLE

Begeben Sie sich an einen Ort, an dem Sie größtmögliche Stille finden und ungestört sind – am besten in der Natur unter einen Baum oder an einen Fluss. Ein stiller Raum in Ihrer Wohnung tut es selbstverständlich auch.

Setzen Sie sich entspannt auf einen Stuhl (die Beine stehen parallel, die Fußsohlen berühren den Boden) oder gehen Sie in eine Meditationshaltung Ihrer Wahl. Entspannen Sie sich bewusst, beginnend an der Kopfhaut, über die Schulter den Rücken hinunter bis zum Gesäß und hinein in die Beine. Ihre Wirbelsäule ist aufrecht, der Kopf in einem leichten Winkel nach vorn gebeugt. Schließen Sie Ihre Augen und konzentrieren Sie sich auf Ihren Atem.

Atmen Sie sanft und gleichmäßig durch die Nase bewusst in Ihren Unterbauch, ohne dass Sie selbst Ihren Atem hören. Nehmen Sie nur so viel Luft auf, wie Ihr Körper es von sich aus möchte. Lassen Sie den Atem wieder herausfließen, ohne Pause zwischen Ein- und Ausatmung. Auch hier soll kein Geräusch entstehen. Ihr Atem verkörpert absolute Stille. Der Atem fließt heraus, bis der Körper das Bedürfnis verspürt, wieder einzuatmen.

Wie fühlt sich Ihr Atem an? Erspüren Sie die Bewegungen des Körpers beim Einatmen und Ausatmen. Wie verhalten sich das Zwerchfell, der Bauch, die Rippen und die Schultern, während der Atem fließt? Wo befinden sich Verspannungen? Wie geht es dem Rücken, was macht Ihre Haltung, wie fühlt sich Ihr Kopf an? Gehen Sie langsam und bewusst durch Ihren ganzen Körper und lauschen Sie dabei auf Ihren Atem, der nicht zu hören ist.

> Leonard Orr/
> Konrad Halbig
>
> Der Atem ist der größte Heiler unseres Körpers. Atem heilt mehr als alles andere auf dieser Welt. Atem ist so einfach, so offensichtlich, dass niemand sich seiner ungeheuren Macht bewusst ist.

VERSTEHEN ENTSTEHT IN DER STILLE

Es tut so gut, den Gedanken einfach einmal Urlaub zu geben und zur Ruhe zu kommen. Wenn Sie beginnen, innerlich still zu werden, die äußere Welt auch mal verstummen lassen und nutzlosen Gedanken-Ballast abschütteln, dann werden Sie leicht und frei für das Hineinhören in die innere Welt.

LÖSCHEN SIE NUTZLOSE »PROGRAMMIERUNGEN«!

Sie erinnern sich: Bis zum 18. Lebensjahr hören wir das Wort NEIN rund 148.000-mal (siehe Seite 18). Mit dieser Botschaft entstehen auch negative Glaubenssätze, mit denen wir uns von Stund an selbst programmieren. Und dabei kommt meist genau das heraus, was wir nicht wollen. Ich zum Beispiel war, wie Sie ja schon wissen, eine Zeit lang sehr dick und hatte natürlich keinen dringenderen Wunsch, als abzunehmen (siehe Seite 33 f.). Es gibt keine Diät, die ich nicht ausprobiert habe, aber geholfen hat keine. Der Grund dafür war, dass ich mich selbst falsch programmiert hatte, immer nur negative Gedanken im Kopf hegte, wie zum Beispiel: »Ich will nie mehr naschen!«, »Heute will ich nichts mehr essen!«, »Ich habe keinen Hunger!«

Ein sinnloses Unterfangen. Denn heute weiß ich: Das Unterbewusstsein ignoriert verneinende Botschaften, wie »nie, kein« usw. – Nicht gibt es nicht.

Das heißt im Klartext, ich habe mich den ganzen Tag über programmiert mit Sätzen wie: »Ich will naschen, heute will ich mehr essen, ich habe Hunger.« Ich hatte mir nichts anderes »bestellt«, und das Ergebnis war entsprechend.

Das änderte sich schlagartig, als ich in einem Buch über die Macht des Unterbewusstseins las und erfuhr: Wenn wir einen Wunsch an das Leben haben, müssen wir auch das Richtige »bestellen«. Und wir können unsere Ziele nur dann erreichen, wenn wir sie positiv und klar formulieren – und zwar präzise, bis ins kleinste Detail (Katalogbestellungen funktionieren auch nicht anders!).

Nur positive Gedanken, Ziele, Träume können positive Wirklichkeit werden. Wer seinen Arbeitstag dagegen mit dem Vorsatz beginnt: »Ich will heute keinen Stress haben«, wird genau das Gegenteil erleben, nämlich »Stress ohne Ende«. Denn die negative Formulierung hebt den Stress nicht auf, sondern verstärkt ihn noch. Wenn Sie keinen Stress wollen, lassen Sie ihn also gar nicht erst in Ihre Gedanken, sondern »bestellen« Sie, was Sie sich wirklich wünschen, und formulieren Sie Ihre Ziele und Wünsche positiv.

4 »ICH KENNE MICH SELBST«

Für dieses Kapitel brauchen Sie:
einen großen Bogen Papier (möglichst DIN A0-Format),
einige Buntstifte oder farbige Kreiden,
ein paar leere Blätter und einen Stift.

WILLKOMMEN IN IHREM LEBENSHAUS!

Es erwartet Sie nun eine Hausbesichtigung der ganz besonderen Art: Sie sind eingeladen, Ihr »Lebenshaus« anzusehen, sich damit zu beschäftigen, woher Sie kommen, wo Sie gerade jetzt sind und wie die Reise weitergehen soll.

Stellen Sie sich vor, dass eine gute Fee Ihnen die Schlüssel für eine Phantasie-Villa überreicht, die von nun an Ihnen gehört. Klar, dass Sie sich freuen. Und klar, dass Sie erst einmal einen Rundgang durch das wunderschöne Haus machen. So viele Zimmer, und ganz unterschiedlich eingerichtet! Von manchen Räumen sind Sie spontan begeistert, gehen hinein, schauen sich Bilder an, schlendern an einem Bücherregal entlang, nehmen eine kleine Vase in die Hand, bewundern einen wertvollen Teppich. Bei anderen Zimmern genügt Ihnen ein kurzer Blick durch die Tür: Kitsch vom Flohmarkt? Danke, da müssen Sie nicht genauer hinschauen. Coole Designermöbel und grelle Lampen mögen Sie vielleicht auch nicht, andere Räume sind Ihnen möglicherweise unheimlich. Dann machen Sie die Tür eben wieder zu und suchen sich einen Raum, in dem Sie sich wohl fühlen!

Zu Ihrer Überraschung entdecken Sie auch einige Zimmer, die Sie selbst schon eingerichtet haben. Andere wiederum sind noch un-

bewohnt und warten auf ihren Besitzer. Wie Sie sehen, gibt es viel zu tun und zu entdecken, zu pflegen, zu staunen und zu genießen, vielleicht auch umzuräumen und neu zu gestalten, damit es auch wirklich *Ihr* Haus wird. Ihren Wünschen und Vorlieben sind keine Grenzen gesetzt!

Wenn Sie Ihren ausgiebigen Rundgang beendet haben, nehmen Sie Ihr Zeichenmaterial zur Hand. Schaffen Sie sich eine entspannte Atmosphäre – zum Beispiel mit einer CD, die Sie besonders gern hören, und machen Sie sich ans Werk.

WIE ICH WURDE, WAS ICH BIN

Vorab: Auch und gerade dann, wenn Sie »glauben«, dass Sie »überhaupt nicht zeichnen können«, sollten Sie diese Übung mitmachen. Denn dann können Sie einen Ihrer einschränkenden Glaubenssätze gleich jetzt auflösen. Selbstverständlich kann jeder von uns zeichnen. Ich selbst habe noch nie verstanden, warum im Zeichenunterricht Noten verteilt werden!? Es ist Ihr Leben und wer könnte es besser zeichnen als Sie?

Woher komme ich?
Wo stehe ich heute?
Wie sehe ich mich selbst?
Wie sehen mich die anderen?
Wohin will ich?
Was wünsche ich mir?
Was möchte ich ändern?

Wie Sie die Antworten zeichnerisch umsetzen, überlasse ich ganz und gar Ihrer Kreativität. Ein Beispiel: Die Frage »Woher komme ich?« kann sich auf Ihr Elternhaus, aber ebenso gut auf Schulzeit und Ausbildung beziehen, vielleicht ist auch alles zusammen gemeint – entscheiden Sie selbst! Oder die Frage »Wo stehe ich heute?«: Ob im Beruf, in Partnerschaft und Familie, in der Beziehung zu Ihren Freunden, in Ihrer persönlichen Entwicklung ganz allgemein – entscheiden Sie auch hier, welchen Bereich Sie sich genauer ansehen möchten, usw. Lassen Sie Ihren Gefühlen und Gedanken freien Lauf. Krumme Linien, verbeulte Kreise, schiefe Gesichter und Strichmännchen sind ausdrücklich erlaubt!

Für das Zeichnen selbst sollten Sie Zeit und Ruhe haben, sich aber auch ein Limit setzen. Nach meinen Erfahrungen genügt den meisten eine halbe Stunde, um das »Lebenswappen« zu zeichnen. Wer sich »unbegrenzt« Zeit lässt, kommt bei einzelnen Fragen leicht ins Grübeln und beendet das Bild dann vielleicht nicht. Ein fertiges – *nicht perfektes!* – Bild ist aber wichtig für unser gemeinsames Thema: Ihre Ausstrahlung. Gehen Sie also behutsam und sensibel, aber auch mit leichten Schritten durch das Haus Ihres Lebens.

Schauen Sie die Zeichnung noch einmal in Ruhe an. Wenn Sie mögen, notieren Sie Ihre Gedanken dazu. Welche Gefühle kommen hoch? Wo spüren Sie Widerstand? Was versetzt Sie in Aufregung? Vielleicht haben Sie auch Lust, sich mit den Farben zu beschäftigen, die Sie verwendet haben. Ab Seite 71 ff. erfahren Sie mehr über die Sprache der Farben.

DIE SPRACHE DES KÖRPERS

Aus meiner Sicht sind Worte das am wenigsten effektive Kommunikationsmittel. Sie sind nicht mehr als Geräusche, Symbole, Erkennungszeichen. Zwar helfen sie uns, Gefühle, Gedanken und Erfahrungen zu vermitteln. Doch sie werden oft falsch verstanden, lassen sich leicht missdeuten. Die Sprache unseres Körpers jedoch ist immer ehrlich. Ob wir es wollen oder nicht, der Körper sagt die Wahrheit.
Die wenigsten Menschen sind sich darüber im Klaren, dass ihr Körper ständig »in Bewegung« ist und seine Wünsche und Bedürfnisse zum Ausdruck bringt. Er reagiert auf unsere Empfindungen, Gefühle und mentalen Bedürfnisse. Diese Körpersprache ist ein genaues Abbild unseres Inneren und deshalb immer authentisch. Widersprüche entstehen, wenn wir das, was in unserem Inneren geschieht, kontrollieren und es nicht zum Ausdruck bringen können oder möchten. Dann sagen die Worte und der körperliche Ausdruck nicht dasselbe.
Mit unserer Körperhaltung beeinflussen wir nicht nur die anderen, sondern auch uns selbst. Jede Veränderung ergibt eine nach innen gerichtete Aussage. Von dem Pantomimen Samy Molcho habe ich in zahlreichen Seminaren gelernt, wie unmissverständlich wir uns mit unserem Körper zeigen.

Mehr als tausend Worte

BOTSCHAFTEN OHNE WORTE

Kennen Sie Ihre Art zu gehen, zu sitzen, den Kopf zu halten? Diese Fragen sind wichtig, denn die Signale Ihres Körpers gelten nicht nur den anderen, sondern geben auch Ihnen wichtige Hinweise über sich selbst. Wer mit seinem Körper in Kontakt ist und dessen Zeichen sensibel aufnimmt, weiß immer, wie es um ihn steht und welche Botschaften er nach außen gibt.

Mit unserer Körpersprache verweisen wir beispielsweise auch oft auf Gefühle oder Gedanken, die unser Wohlgefühl beeinträchtigen, und auch darauf, wie wir uns in unserer Kleidung fühlen. Sie wissen, woran man erkennen kann, ob eine Frau meint, ihr Rock sei zu kurz? Genau: Wenn sie ihn zu kurz findet, wird sie ständig daran ziehen. Ist die Hose zu eng, greifen wir ständig zum Knopf. Ein Mann, der seine Krawatte nicht mag bzw. sie als zu eng empfindet, wird sie immer wieder ein Stück vom Hals ziehen. Achten Sie auf solche Signale und tragen Sie deshalb nur Kleidung, in der Sie sich wirklich wohl fühlen! Darauf kommen wir im Kapitel »Ich kenne meine Wirkung« (Seite 101 ff.) noch ausführlicher zu sprechen.

WIR REDEN MIT DEN HÄNDEN

Hände und Finger sprechen ihre eigene Sprache – wobei die rechte Hand die »Gedankenhand« und die linke die »Gefühlshand« repräsentiert. Denn die rechte Körperhälfte steht für das »männliche« Prinzip (Denken, Logik, Vernunft), die linke Körperhälfte steht für das »weibliche« (Intuition, Gefühle, Kreativität). Es ist also ein Unterschied, ob jemand mit der Rechten oder mit der Linken seine Worte unterstreicht.

Aber auch Finger senden Signale – jeder für sich. Wer zum Beispiel häufig den Zeigefinger hebt oder bestimmte Finger mit Ringen schmückt, gibt diesen Botschaften – ob bewusst oder unbewusst – zusätzliche Bedeutung. Sicher wäre es übertrieben, Menschen vornehmlich nach der Sprache ihrer Finger zu beurteilen. Doch jeder Finger steht für bestimmte innere Einstellungen, und es lohnt sich, diese Signale deuten zu lernen:

Der *Daumen*, ein Symbol für Macht und Kraft, ist ein wichtiger Gradmesser für die Dominanz eines Menschen. Der motorisch stärkste von allen Fingern unterstützt dominante Bewegungen; ein gestreckter Daumen signalisiert: »Gewonnen!« Die Macht des Daumens zeigt sich auch beim so genannten »Daumendrücken«. Wird der Daumen von den übrigen Fingern eingeschlossen, könnte das darauf hinweisen, dass Aktivität zurückgehalten wird.

Der *Zeigefinger* steht für Willenskraft und Initiative. So ist es nur logisch, dass der Zeigefinger als Hinweissignal eingesetzt wird. Er wirkt symbolisch wie ein Pfeil, der losgeschossen wird, und das wird durchaus auch als Drohgeste wahrgenommen. Wer im Gespräch häufig den Zeigefinger benutzt, wirkt leicht belehrend. In Zusammenarbeit mit dem Daumen entwickelt er jedoch hohe Sensibilität, weil beide Finger uns viele Feininformationen liefern (z.B. einen Stoff fühlen oder Salz streuen).

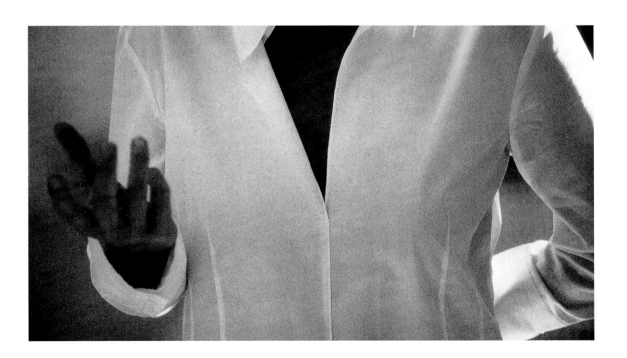

Der *Mittelfinger* ist am längsten und nach dem Daumen am stärksten; seine Position in der Mitte der Hand gibt ihm besondere Bedeutung. Er steht für Selbstwertgefühl, Selbstgestaltung und Stolz. Er ist nicht zu verwechseln mit dem Finger der Dominanz. Der Mittelfinger strebt nicht nach Gewinn, sondern nach Anerkennung.
Der *Ringfinger* steht für das Gefühlsleben; nicht umsonst trägt er den Ehering. Wer im Gespräch diesen Finger berührt, braucht emotionale Zuwendung, keine rationalen Erklärungen.
Der *kleine Finger* ist leicht von der Hand abspreizbar und deshalb von Bedeutung für Extratouren. Er gibt außerdem Informationen über die Qualität von Beziehungen. Wird er unter die Hand gezogen, könnte dies zum Beispiel ein Zeichen für die Rücknahme von Beziehungen sein.

Es versteht sich von selbst, dass wir uns davor hüten sollten, die genannten Kriterien eins zu eins anzuwenden. Sie sind für uns lediglich ein Hinweis und dienen der besseren Orientierung. Dennoch gilt: Der Körper lügt nicht. Wir sind deshalb gut beraten, auf ihn zu hören und zu schauen. Denn er vermittelt untrügliche Zeichen über das, was ist, und deckt Diskrepanzen zwischen dem Gedachten und Gesagten auf. Manch verwirrende Kommunikation lässt sich dadurch schneller klären und der Weg ist frei zu mehr Verständnis für sich selbst und andere.

»MEIN LEBEN IST LIEBE«

In wissenschaftlichen Untersuchungen wurde immer wieder festgestellt: Am meisten sehnen wir Menschen uns nach Liebe, Glück und Gesundheit. Liebe also ist die stärkste Triebfeder unseres Handelns. Schon in der Bibel steht: »Liebe deinen Nächsten wie dich selbst.« Aus meiner Sicht vergessen die meisten den zweiten Teil des Satzes, obwohl er ungemein wichtig ist. Das hat mit falsch verstandenem Egoismus nichts zu tun. Denn: Wer sich selbst nicht liebt, kann auch andere nicht lieben.

Der wichtigste Mensch, dem Sie Liebe entgegenbringen sollten, sind Sie selbst. Sie selbst sind der Ursprung aller Probleme und Konflikte. Sie selbst sind der Ursprung allen Glücks und Reichtums. Nur wer sich selbst liebt, ist in Harmonie mit sich selbst, und er wird deshalb auch keine Konflikte nach außen tragen.

VON DER LIEBE, DIE HALT GIBT

Die größte Sehnsucht nach Liebe ist die nach bedingungsloser Liebe von anderen. Einfach das Gefühl, geliebt zu werden – um seiner selbst willen, ohne Wenn und Aber, auch an Tagen, an denen man sich selbst im Wege steht.

> Wer sich nicht liebt, liebt niemanden.

Genauso wunderschön ist allerdings die Erfahrung, bedingungslos lieben zu dürfen. Wie oft tun wir jedoch anderen einen Gefallen, mit dem Hintergedanken der Wiedergutmachung. Ein schönes Beispiel dafür ergab sich während einer Autofahrt mit meinem Sohn: Ich ließ einen Wagen vor mir auf die Fahrbahn, musste dafür jedoch ziemlich in die Bremsen gehen. Der andere Autofahrer bog auf die Straße ein und bedankte sich nicht. Ich sagte darauf-

hin spontan: »Na, der hätte sich ja auch mal bedanken können.« Mein Sohn schaute mich an und fragte: »Mami, hast du den jetzt durchgelassen, weil du heute Morgen ein Danke brauchst oder weil du ihm einen Gefallen tun wolltest?« Auch kleine Begebenheiten wie diese können entlarvend sein und eignen sich wunderbar, um eine entsprechende Kurskorrektur vorzunehmen.
Bedingungslose Liebe ist nicht einfach zu leben, doch wenn wir sie geben oder empfangen dürfen, ist das das höchste Glück. Ich lernte sie kennen, nachdem ich ein Buch der Psychologin Jirina Prekop gelesen hatte. Sie ist die Expertin der »Festhaltetherapie« im deutschsprachigen Raum, die unter anderem bei hyperaktiven und autistischen Kindern angewandt wird.
In ihrem Buch *Hättest du mich festgehalten ...* schildert Jirina Prekop eine Erfahrung, die sie darin bestärkt hat, ihr Verfahren weiterzuentwickeln: Es war an einem heißen Sommertag, an dem sie sich nach einem langen Arbeitstag müde auf den Heimweg machte. Wieder einmal war es später geworden als geplant und sie wusste, dass ihr Mann ihr tägliches Zuspätkommen als Rücksichtslosigkeit ihm gegenüber werten würde – also war der Krach schon vorprogrammiert. Sie setzte sich gereizt in das von der Sonne aufgeheizte Auto ohne Klimaanlage und Schiebedach, das ihr Mann ihr gegen ihren Willen gekauft hatte – und fuhr zornig los. Jetzt dachte sie nur noch darüber nach, wie eine Begegnung mit ihrem Mann zu vermeiden war, der sicherlich schon an der Tür mit vorwurfsvollem Gesicht auf sie wartete, und überlegte, wie sie den schnellsten Weg zur Dusche finden konnte.
Entgegen ihren Erwartungen empfing er sie jedoch sehr freundlich und teilte ihr mit, dass er zum Abendessen frische Kalbsleber eingekauft hatte. Das hatte ihr gerade noch gefehlt! Denn sie wollte bei der Hitze nicht auch noch ein warmes Abendessen zubereiten müssen. Sie kochte so vor Wut, dass jedes Wort von ihr einen unerträglichen Krach ausgelöst hätte. Sie sagte also lieber nichts und ging statt unter die Dusche in die Küche. Aus der Pfanne spritzte das heiße Fett, es war unerträglich heiß, da wegen des Geruchs die Türen geschlossen waren – ihr Kleid klebte am ganzen Körper, ihre Nerven lagen blank und sie fluchte leise vor sich hin. Ihr Mann hörte dies aus dem Nebenzimmer, ging zu ihr und legte sei-

nen Arm auf ihre Schulter. Das war für sie zu viel des Guten: Seine Berührung brachte ihre angestaute Wut vollends zur Explosion.
In diesem Gefühlsausbruch entluden sich aufgestauter Stress, die Erschöpfung nach einem aufreibenden Arbeitstag und unausgesprochener Zorn auf ihn. Er bekam einfach alles ab.
Doch was ihr Mann tat, war unglaublich: Statt nun seinerseits wütend und laut zu werden, ging er auf sie zu, nahm sie fest in die Arme und wiegte sie wie ein Kind hin und her, hielt sie einfach fest, ohne Kommentar, mit ganzem Mitgefühl – so lange, bis sie allmählich zur Ruhe kam und die Liebe wieder fließen konnte.

Diese Geschichte hat mich zutiefst bewegt. Auch Sie wissen vielleicht aus Erfahrung: Wer die Nerven verliert und schreit, sieht keinen Ausweg mehr und ist in Not. Wir verhalten uns nicht so, wenn wir »Herr der Lage« und ganz in unserer Mitte sind. Natürlich reagieren die anderen meist so, dass sie zurückpoltern oder sich verteidigen. Wenn ich heute einen Menschen herumschreien höre, versuche ich ihn anders zu sehen. Er hat in diesem Moment die Liebe zu sich selbst verloren und drückt aus meiner Sicht lautstark seine Sehnsucht nach Liebe aus. Und oft sind es ja auch genau die Menschen, die wir am meisten lieben, die auch am meisten von uns »abbekommen«.
Seit ich das Buch von Jirina Prekop las und ihre Seminare besuchte, habe ich viele Male Menschen in Liebe halten dürfen. Ich sage »dürfen«, denn dieses Halten ist auch für denjenigen, der hält, ein bewegendes Erlebnis. Bedingungslose Liebe wurde dadurch auch zur eigenen Erfahrung. Und ich spürte, dass Liebe in jedem Gefühl mitschwingt, auch in der Trauer oder in der Wut. Denn lieben heißt fühlen – *alles* fühlen.
Wir wollen am liebsten immer glücklich sein, und wir erwarten, dass die Menschen, die um uns sind, immer gute Laune haben. Aber auch das Auf und Ab der Gefühle und die wechselnden Stimmungen sind Teil dieser Menschen, die wir ja lieben und mögen und zu denen wir Ja sagen wollen.

> Was wollen Sie ernten?
> Was man dem anderen antut, das tut man sich selbst an.
> Wer Lieblosigkeit sät, wird Lieblosigkeit ernten.
> Wer über andere herzieht, wird in Kauf nehmen müssen, dass andere dies auch mit ihm tun.
> Wer Respektlosigkeit sät, wird Respektlosigkeit ernten.
> Wer Unglück sät, wird kein Glück ernten.
> Wer Liebe erleben möchte, muss seine Energie auf die Liebe konzentrieren.

DAS GESETZ DES UNIVERSUMS

Unser Leben beruht auf einem ganz simplen Gesetz und doch tun wir uns so schwer damit: Wir können von anderen Menschen nur das bekommen, was wir bereit sind zu geben. Dieses Prinzip ist so logisch, dass man es eigentlich gar nicht zu erwähnen bräuchte, und doch beherzigt es kaum jemand. Es handelt sich um etwas, was ich früher schon auf unserem elterlichen Bauernhof gelernt habe: Jeder Landwirt weiß, dass er Mais säen muss, wenn er Mais ernten will. Und wenn er Hafer ernten will, dann muss er eben Hafer säen. Es könnte nicht einfacher sein!
An dieses Prinzip wurde ich einmal von meinem Sohn Maximilian erinnert, der mir damit zugleich eine Lektion erteilte: Ich beschwerte mich, dass ich kaum schöne Post bekomme, sondern nur Werbung und Rechnungen, und da fragte er nur: »Wem schreibst *du* denn, Mami?« Kommentar überflüssig ...

HEILIGER BODEN

Liebe hat viele Ausdrucksformen – eine davon ist Respekt. Jeder von uns hat eine unsichtbare Schutzzone, seine »Aura«. Dieser Raum – »unser heiliger Raum« – gehört nur uns allein. Wird er von Menschen betreten, die uns so nah nicht willkommen sind, fühlen wir uns meist unwohl und unser Körper reagiert mit innerer Abwehr. Wir sagen ja auch, dass nur wer uns nahe steht, uns nahe kommen darf. Natürlich gibt es Situationen, wie beispielsweise in einem voll besetzten Fahrstuhl, in denen sich ungewollte Nähe nicht vermeiden lässt. Grundsätzlich jedoch ist es wichtig, bei anderen »anzuklopfen«, wenn man ihnen nahe kommt. Wir haben den so genannten Vorgarten anderer Menschen nicht zu betreten, wenn wir nicht eingeladen sind.

Auf diese Weise bezeugen wir den anderen unseren Respekt, mit dem wir gleichzeitig auch eine gewisse Regel anerkennen. Regeln geben eine Richtung – geben Orientierung. Gemeint sind Spielregeln, die für den Umgang miteinander sehr erleichternd und bereichernd sein können. Viele von uns vergeuden viel Energie, indem sie hoffen, dass der »andere« ja schon merken wird, dass das so nicht gut und richtig für uns ist. Ich halte das für verschwendete Zeit. Klarheit macht klar. Und Liebe ist nicht die Abwesenheit von Klarheit.

Regeln vereinfachen das Leben unglaublich, unter der Bedingung: Alle müssen sich dran halten. Regeln aufzustellen macht allerdings wirklich nur Sinn, wenn einer darauf achtet, dass sie auch eingehalten werden und dass ein Regelverstoß Konsequenzen hat. Wir sollten in Familie, unter Freunden oder im Beruf mehr gemeinsame Regeln aufstellen, damit alle spüren, dass ihr »heiliger Boden« von niemandem betreten werden darf. Die Regeln könnten beispielsweise lauten: Offenheit / Zuhören / Ausreden lassen / Liebevoller Umgangston / Respektvoller Umgang miteinander / Wer welche Arbeiten bis wann zu verrichten hat / Pünktlichkeit / Die »Sache«, nie die Person kritisieren.

Insbesondere die letzte Regel erscheint mir sehr wichtig, denn wie schnell haben wir Formulierungen drauf wie »Du bist nicht okay« statt »Das was du getan/gesagt hast, ist für mich nicht okay«.

> **Novalis**
>
> Die Seele eines anderen Menschen zu berühren, heißt heiligen Boden zu betreten.

Aus meiner Erfahrung geben Regeln Klarheit und Sicherheit, weil jeder weiß, woran er ist. Wir vergeuden keine wertvolle Zeit und können uns dem Wesentlichen widmen: der Liebe zu jedem neuen Tag, der Freude am Miteinander und an neuen Ideen und Projekten, die unsere Schöpferkraft beflügeln und unserem Leben Sinn verleihen.

LIEBEVOLLES BUSINESS

Wenn wir den fünften Glaubenssatz »Mein Leben ist Liebe« ernst nehmen, kommen wir nicht umhin, ihn auf alle gesellschaftlichen Bereiche, also auch auf den des Business, auszudehnen. Wir leben in einer Zeit der Machbarkeit, der messbaren Ergebnisse, des schnellen Erfolgs – doch immer häufiger stoßen wir bekanntlich allerorten wirtschaftlich an Grenzen, denen mit herkömmlichen Strategien scheinbar nicht mehr beizukommen ist. Sind wir mittendrin im Wertewandel?

Viele Wissenschaftler sind inzwischen dieser Meinung – so auch die Münchner Trendforscherin Felizitas Romeiß-Stracke, die einen »Abschied von der Spaßgesellschaft« prognostiziert. Sie geht davon aus, dass in den nächsten zehn Jahren eine Renaissance von Tiefe, Werten und Sinn einsetzt, in der auch Glaube, Spiritualität, Ehrlichkeit und Authentizität einen neuen Stellenwert erhalten. (epd)

Wenn wir annehmen, dass sich Werte verschieben werden, stellt sich die Frage, welche Konsequenz dies im Umgang mit meinen Kunden hat. Steht meine Kompetenz wirklich an erster Stelle oder gibt es noch ganz andere Faktoren, die meinen Erfolg ausmachen? Kann man mir meine Fähigkeiten ansehen, oder liegen sie tief im Verborgenen? Wann und wodurch entscheidet mein Kunde eigentlich, ob er mir vertrauen kann oder nicht? Wer Kunden auch künftig zufrieden stellen und halten möchte, kann einer ehrlichen Auseinandersetzung mit diesen Fragen – also auch mit sich selbst – nicht mehr ausweichen. Dieser Trend wird für uns alle Konsequenzen haben, egal, in welcher Branche wir arbeiten.

Ich bin davon überzeugt: Auch im Beruf kommt es mehr und mehr darauf an, nach dem Motto »Mensch gewinnt Mensch« eine Atmosphäre von Liebe und Respekt zu schaffen. Was auch immer das Produkt ist – ob Software, eine neue Wohnungseinrichtung oder Sprachkurse –, wer als Geschäftsmann/-frau seinen Kunden das Gefühl gibt: »Du bist für uns das Wichtigste überhaupt, wir nehmen dich ernst, wir unterstützen dich dabei, Wünsche oder Träume zu erfüllen«, der wird sie so schnell nicht wieder los!

Machen wir uns nichts vor: Kaum ein Unternehmen kann heutzutage von sich behaupten, einen Alleinstand auf dem Markt zu haben. Wir alle sind vergleichbar. Erfolgreich wird in Zukunft der sein, der verstanden hat, dass die Menschen in seinem Unternehmen das Wichtigste sind, respektvoll mit seinen Kunden umgeht und für seine Mitarbeiter eine Atmosphäre schafft, in der sie sich wohl fühlen und »ihr Bestes geben« können. Das wertvollste Kapital der Unternehmen sind eindeutig die Mitarbeiter, die sich mit ihrer ganzen Persönlichkeit, mit all ihren fachlichen und menschlichen Stärken und auch mit ihrer Ausstrahlung einbringen müssen, damit das Unternehmen am Markt bestehen kann.

Unternehmer und Vorgesetzte haben also auch die Aufgabe, ihre Mitarbeiter in ihrer Persönlichkeit und Ausstrahlung zu fördern. Denn die Mitarbeiter sind die Boten einer Unternehmensphilosophie, jeden Tag viele Male. Dazu gehört auch entsprechende Kleidung, die bestimmte Eigenschaften verkörpert. Sie vermittelt beispielsweise Nähe oder Distanz, Wissen oder Nichtwissen, Sympathie oder Antipathie – je nachdem, was und wie es getragen wird. Formen und Farben spielen dabei eine große Rolle. Ich denke, es reicht nicht, kompetent zu sein. Man muss diese Kompetenz auch *sehen* können.

Ein Team ist stark, wenn es seine Werte und Ziele kennt. Das bedeutet, dass jedes einzelne Mitglied nicht nur mit Freude und Engagement bei der Sache ist, sondern auch weiß, wie es seine Qualitäten nach außen hin präsentiert. Leider unterschätzen viele Führungskräfte den Wert solch einer »corporate identity«. Sie verleiht jedoch dem Team eine besondere Ausstrahlung und vermittelt das Gefühl »Die machen ihre Sache gut und sind stolz darauf«. Eine bessere Werbung für ein Unternehmen gibt es nicht!

Lachen gewinnt

DANKBARKEIT TUT GUT

Eine andere Ausdrucksform von Liebe ist die Dankbarkeit. Wem Liebe fehlt, der kann nicht dankbar sein. Und wie können wir hoffen, vom Leben belohnt zu werden, wenn wir das Leben nicht achten, nicht dafür danken? Nehmen wir nur unseren Körper: Wie viele Menschen strapazieren ihre Gesundheit durch Überanstrengung im Beruf und schädliche Lebensgewohnheiten. Und kaum jemand denkt daran, seinem Körper dankbar zu sein für alles, was er dennoch jeden Tag leistet.
Ich konnte dies von meinen Kindern lernen. Als sie noch ganz klein waren, haben sie sich beim Zubettgehen immer bedankt: »Vielen Dank, ihr Hände, ihr habt so schön geknetet, vielen Dank, liebe Füße, ihr seid so schnell gelaufen.« Ich fand das total niedlich, habe mir aber mehr auch nicht dabei gedacht. Bis ich einmal ein Seminar bei einem Schamanen besuchte. Von ihm erfuhr ich viel aus dem traditionellen Wissen von Naturvölkern. Dazu gehören der Respekt vor allem, was lebt – und die Dankbarkeit gegenüber dem Körper, der uns geschenkt wurde. Statt mit ihm unzufrieden zu sein, weil er uns nicht gesund oder nicht schön genug ist, sollten wir ihm dafür danken, dass er uns mit all seinen Teilen ständig zur Verfügung steht.

Liebe hat, wie Sie sehen, viele Ausdrucksformen und ist nicht an eine bestimmte Art der Beziehung gebunden. Geben Sie diesem Gefühl so viel Raum in Ihrem Leben, wie Sie nur können. Es ist ein starkes »Licht«, das Ihr Inneres wärmen und nach außen leuchten wird.

Augustinus

In dem Maße, wie die Liebe wächst, wird auch die Schönheit in dir wachsen.

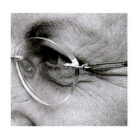

»ICH KENNE MEINE ZIELE«

Wer seine Ziele nicht kennt, vergeudet Zeit und Energie. Wenn Sie sich über einige Ihrer Ziele – im Beruflichen oder auch im Privaten – Klarheit verschaffen möchten, kann Ihnen die folgende »Ziel-Collage in Text und Bild« dabei helfen.

Eine selbst angefertigte Ziel-Collage ermöglicht, sich die eigenen Ziele lebendiger vorzustellen. Sie setzt Kreativität, Motivation und Ausdauer in uns frei. Und sie hält uns auf Kurs auf dem langen Weg zu unseren Zielen. Da wir Menschen ja bekanntlich in Bildern denken, ist eine Ziel-Collage ein sehr wirksames Instrument, seinen Zielen näher zu kommen. Überzeugen Sie sich einfach selbst von der Wirkung und lassen Sie sich ein auf das nun folgende Experiment, das Ihr Leben verändern wird.

> Erkenne, wo du stehst, wo du hinwillst. Mach deinen Plan. UND GEH!

SO WERDE ICH »ZIELSICHER«!

Legen Sie sich für diese Übung bitte einige Blätter Papier, einen großen Fotokarton, Kleber, Schere, alte Zeitschriften und Stifte zurecht.

In Ihrer Ziel-Collage sollte alles enthalten sein, was Sie für Ihr Leben beabsichtigen. Schreiben Sie im ersten Schritt Ihre Ziele auf und formulieren Sie mindestens fünf »Wege zum Ziel«, also Dinge, die Sie tun werden, um Ihr Ziel zu erreichen. Folgende Punkte sind dabei zu berücksichtigen:

1. Formulieren Sie Ihre Ziele klar und eindeutig. Je klarer und essenzieller die Botschaft, desto schneller und tiefer dringt sie ins Unterbewusstsein!
2. Formulieren Sie in der Gegenwart.
3. Formulieren Sie positiv (z.B. glücklich, statt unglücklich).
4. Vermeiden Sie alle Nicht-Sätze (z.B. »Ich will nicht unglücklich sein«, sondern sagen Sie: »Ich will glücklich sein«).
5. Benutzen Sie viele Aktionswörter (z.B. kreieren, erschaffen usw.).
6. Begrenzen Sie Ihre Ziele nicht durch Namen oder Zahlen.

Wenn Sie Ihre Ziele notiert haben, formulieren Sie Ihre »fünf Wege zum Ziel«! Es kann sein, dass sich zwischendurch Ziele verändern und dass Sie Kursänderungen vornehmen müssen. Dann formulieren Sie eben neu und gehen den neuen Weg.
Bewahren Sie Ihre Blätter unbedingt noch eine Zeit lang auf. Ihre Notizen sind eine Momentaufnahme: Sie können daraus auch später jederzeit ersehen, wie Sie damals, an einem scheinbar zufällig herausgegriffenen Tag Ihres Lebens über einiges gedacht haben, über das, was Ihnen wichtig ist. Vergessen Sie also nicht, das jeweilige Datum auf die Blätter zu schreiben!

DAS BILD MEINER ZUKUNFT

Im zweiten Teil der Übung geht es darum, die Ziel-Collage als *Bild* anzufertigen. Am besten lässt sie sich auf einem großen DIN A3-Blatt anfertigen. Natürlich können Sie anstelle des Blattes auch ein Heft nehmen und für jedes Ziel eine neue Seite benutzen. Lassen Sie Ihrer Phantasie freien Lauf:

- Halten Sie in Zeitschriften Ausschau nach Fotos und Illustrationen.
- Fotografieren Sie selber jene Dinge, die Sie sich für die Zukunft wünschen.
- Zeichnen Sie eigene Bilder.
- Schreiben Sie eigene kleine Zieltexte.

Diese Collage können Sie ständig verbessern und ergänzen. Sie brauchen sich dabei kein zeitliches Limit zu setzen, sondern können über längere Zeit immer wieder mal an Ihrem Bild – oder an Ihren Bildern – arbeiten. Sie werden selbst spüren, wann ein Bild »rund« ist und nichts mehr daran zu tun bleibt.

Auch in Ihrer bildlichen Ziel-Collage sollte das enthalten sein, was Sie sich für Ihr Leben wünschen. Beantworten Sie zunächst in einem Text und dann mit Ihrem Bild die folgenden Fragen:

1. Wie sieht mein/e Traumpartner/in aus?
2. Wie wünsche ich mir meine Ehe/Partnerschaft?
3. Wie stelle ich mir die Beziehung zu meinen Freunden, zu meiner Familie vor?
4. Wie soll meine Arbeit aussehen?
5. Was soll auf meinem Kontoauszug stehen?
6. Wie sollen mein Zuhause und meine Umgebung sein?
7. Was sind meine Wünsche für meine Freizeit/mein Hobby?
8. Wie sieht mein Idealkörper aus?
9. Welcher verborgenen Sehnsucht möchte ich folgen?

George Bernhard Shaw

Man gibt immer den Verhältnissen die Schuld für das, was man hat. Ich glaube nicht an die Verhältnisse. Diejenigen, die in der Welt vorankommen, gehen hin und suchen die Verhältnisse, die sie wollen, und wenn sie sie nicht finden können, schaffen sie sie selbst.

WAS DURCH DIE COLLAGE PASSIEREN KANN …

Die Arbeit an Ihren Texten und Bildern wird Ihnen viel Spaß bringen, ist aber »nur die halbe Miete«, wenn Sie sich Ihre Collage lediglich alle drei Monate einmal ansehen. Meine eigene Erfahrung mit solch einer Collage war übrigens mehr als verblüffend, denn ihre Bilder nahmen (und nehmen noch immer!) auf präzise und ganz wundervolle Art Gestalt an! Deshalb ermuntere ich Sie ausdrücklich: Um das Erfolgsgesetz Ihrer Collage optimal nutzen zu können, sollten Sie Ihre Ziel-Collage jeden Tag mindestens einmal anschauen und die Bilder verinnerlichen. Noch wirkungsvoller wird das, wenn Sie sich dazu Ihre schriftliche Zielvorstellung laut vorlesen. Tun Sie es die nächsten 30 Tage lang und sehen Sie selbst, was sich in Ihrem Leben verändert!

Sie haben sich jetzt ausführlich damit beschäftigt, wie es in Ihnen aussieht, wie Sie sich selbst wahrnehmen und was Ihnen wichtig ist. Nun ist es an der Zeit, die »Instrumente« kennen zu lernen, mit denen Sie diese Botschaften nach außen tragen können. Sind die »Innerlichkeiten« geklärt, ergeben sich die »Äußerlichkeiten« fast von selbst.

Machen wir also zunächst einen Ausflug in das Land der *Farben*, die ganz wesentlich und unverzichtbar für unser Empfinden und für unsere Ausstrahlung sind, die sozusagen eine Brücke bilden zwischen dem Innen und dem Außen. Je mehr wir unser Potential entfalten, desto mehr wird innerlich schwingen und desto mehr wird unsere persönliche Ausstrahlung an Kraft und Charisma gewinnen.

> **Jane Hundley, Exmodel und Buchautorin**
>
> Menschen mit persönlicher Ausstrahlung wirken auf natürliche Weise selbstsicher, überzeugend, anmutig und respektvoll. Sie vertrauen darauf, wie sie sich präsentieren, weil sie sich tatsächlich in einem Zustand des Gleichgewichts befinden. Eine harmonische Ausstrahlung ist wie ein inneres Leuchten, das nach außen dringt.

EIN AUSFLUG IN DAS LAND DER FARBEN

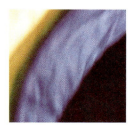

Unsere Welt ist bunt – wenn auch nur in unserem menschlichen Bewusstsein. Alles, was wir farbig sehen, reflektiert die elektromagnetischen Wellen des Lichts. Farben sind also die Sprache des Lichts. Obwohl weißes Licht uns farblos erscheint, besteht es aus Farbschwingungen: Jede der so genannten Spektralfarben hat eine eigene Schwingung, die unterschiedlich hohe Energie auf unseren Körper ausstrahlt. Farben greifen somit direkt in biochemische und biophysikalische Prozesse des menschlichen Körpers ein und beeinflussen unsere Psyche genauso wie unsere Organfunktionen. Farbe geht uns unter die Haut, wir können ihre Schwingung fühlen.

Vielen Menschen ist gar nicht bewusst, welch großen Einfluss Farben auf unser Leben haben. Man könnte fast sagen, dass Farben uns als lautloses Kommunikationsmittel dienen. In unserem gesamten Konsumverhalten beispielsweise reagieren wir in erster Linie auf die Farben der Produkte: Wir lassen uns anziehen, verführen oder aber wir lehnen ab, auch wenn dies häufig unbewusst geschieht. Und wir greifen schneller und bereitwilliger zu dem, was uns gefällt, das heißt: wenn wir farblich damit einig sind.

Farben haben Geschmack: Wohl jeder Mensch ist zum Beispiel für die Farben von Lebensmitteln empfänglich. Ob uns bei bestimmten Speisen das Wasser im Mund zusammenläuft oder der Appetit vergeht, hängt in großem Maße direkt von der Reaktion auf deren Farbe ab. Nahrungsmittel gehören zu den wichtigsten Möglichkeiten, Farbenergien aufzunehmen. Farben und Lebensmittel sind so eng miteinander verbunden, dass wir erwarten, ein roter Apfel müsse süß und ein grüner Apfel sauer sein. Die meisten Menschen bevorzugen interessanterweise rote Gummibärchen,

> Leben ist Licht – Licht ist Farbe – Farbe ist Leben.

weil diese den Anschein erwecken, fruchtiger zu schmecken. Experimente zeigen, dass Kaffee aus einer schwarzen Thermoskanne im Geschmack stärker empfunden wird als Kaffee aus einer gelben, obwohl der Inhalt derselbe ist.

Farben sind spürbar: Nicht nur durch die Augen, auch über die Haut gelangen Farben, also Licht, in unseren Körper. Obwohl uns die Farbempfindlichkeit unserer Haut meist nicht bewusst ist, können wir eine Sensibilität für Farbenergien entwickeln. So ist auch zu erklären, dass Blinde Farben wahrnehmen können. Sie spüren die Schwingung der Farbe, sobald sie in Kontakt mit ihr sind: Führt man einen Blinden in einen blauen Raum, sinkt seine Körpertemperatur, kommt er in einen roten Raum, steigt sie wieder an.
Oder: Die Farbe der Bettwäsche beispielsweise könnte einen sofortigen Einfluss auf unsere Schlafqualität haben (Blau = tief entspannt / Rot = anregend, erotisch / Grelle Muster = unruhiger Schlaf). Je nachdem, was wir in unserem Schlafzimmer erleben wollen, sollten wir also die Farben unterstützend einsetzen.

Farben sind hörbar: Viele Wissenschaftler haben festgestellt, dass ein Musikton auch zu Farbempfindungen führt. So werden hohe Töne mit hellen Farben und hellen Vokalen – mittelhohe Töne mit mittelhellen Farben und mittelhellen Vokalen – und tiefe Töne mit dunklen Farben und dunklen Vokalen in Verbindung gebracht. Machen Sie doch einfach mal in der folgenden Übung die Probe aufs Exempel.

Theo Gimbel

Das Erleben der Farben ist eines der ganz besonderen Privilegien, die wir auf diesem unserem Planeten genießen können.

EINE FARBE HÖREN UND ERLEBEN

Die Farbe Braun repräsentiert die Erde – sie steht für unsere Beine – und die passende Trommelmusik dazu hilft tatsächlich, uns zu »erden«. Lassen Sie zu dieser Übung eine entsprechende CD laufen (siehe Tipp Seite 129) oder legen Sie etwas anderes, Ähnliches auf. Oder lassen Sie die Trommelmusik einfach nur in Ihrer Phantasie erklingen.

Wählen Sie einen Ort, an dem Sie ungestört aufstampfen und tanzen können. Stellen Sie sich so hin, dass Sie genug Platz um sich herum haben. Sie stehen locker, die Knie leicht gebeugt. Spüren Sie, wie beide Fußsohlen den Boden berühren, und bevor Sie nun beginnen, auf den Boden zu stampfen, holen Sie sich die Farbe *Braun* vor Ihr inneres Auge. Ihren Blick lassen Sie bitte nach unten gerichtet. Auch wenn Sie Braun nicht mögen – Sie brauchen die »Farbe der Erde«, um sich selbst zu erden und in den Augenblick zu kommen.
Fangen Sie jetzt an, auf den Boden zu stampfen – ganz bewusst und laut! – und nehmen Sie dabei die Farbe Braun vor Ihrem inneren Auge wahr. Sie werden während und nach der Übung spüren, dass Sie gut im Hier und Jetzt angekommen sind.

UNSERE HEIMATFARBE

Unter all den vielen Farben gibt es immer eine, mit der wir uns am wohlsten fühlen. Behaglich, vertraut, beruhigend, leicht zu handhaben, aber nicht gerade aufregend. Viele Menschen haben Blau oder Grün als Heimatfarbe. Es ist die Farbe, von der wir ausgehen, und die Farbe, auf die wir uns immer zurückziehen können, wenn wir in Not oder im Ungleichgewicht sind. Daher ist es sinnvoll, wenn die Heimatfarbe auch in der Kleidung oder in der persönlichen Umgebung vorhanden ist.

Da jeder Mensch eine persönliche Beziehung zu Farben hat, werden bestimmte Farben ihn stärken, andere jedoch Energie von ihm abziehen. Bestimmte Farben mögen wir, andere lehnen wir rundum ab. Doch Farben, die wir brauchen, die uns gut tun, müssen uns nicht unbedingt auch stehen!

Natürlich achten wir in der Regel sehr darauf, uns farblich so zu kleiden und zu schminken, dass es unserem Typ entspricht und uns optimal zur Geltung bringt. Doch mit dem Außenauftritt ist es nicht getan: Genauso wichtig ist es, jeden Tag in sich hineinzufühlen und herauszufinden, welche Farbe/Farben heute besonders gut tun. Probieren Sie es einfach einmal aus! *Wie* Sie die Farbe in Ihr Leben holen, ist eine Frage der Kreativität. Natürlich hat die am Körper getragene Farbe die größte Wirkung. Aber es können genauso gut die Kaffeetasse, Blumen, ein Farböl oder »Farb«musik sein. Sie werden erleben, wie energetisierend diese »Farblichter« auf Sie wirken und auf Ihr Wohlbefinden unmittelbar Einfluss nehmen.

Die Lieblingsfarben		Die unbeliebtesten Farben	
Anteil der Befragten in %		*Anteil der Befragten in %*	
Blau	45	Braun	20
Grün	15	Rosa	17
Rot	12	Grau	14
Schwarz	10	Violett	10
Gelb	6	Orange	8
Violett	3	Gelb	7
Orange	3	Grün	7
Weiß	2	Schwarz	7
Rosa	2	Rot	4
Gold	1	Gold	3
Braun	1	Silber	2
		Weiß	1
		Blau	1

Dies ist das Ergebnis einer Untersuchung der Psychologin Eva Heller, die rund 1900 Menschen zwischen 14 und 83 Jahren (weiblich/männlich) zu ihren Farbempfindungen befragt hat, und zeigt eine eindeutige Mehrheit für Blau-Rot-Grün. Kleine Kinder haben übrigens meist eine Vorliebe für Gelb und Rot, und erst mit zunehmenden Alter gefallen ihnen mehr die so genannten »kalten Farben« Blau und Grün.

Wie wir wissen, hat auch jede Jahreszeit ihre ureigenen Farben und Stimmungen. Als Teil dieser natürlichen Ordnung stimmt unsere innere Veranlagung mit dem Ausdruck der Jahreszeiten überein. Der Bauhaus-Farbtheoretiker und Lehrer Johannes Itten beschäftigte sich intensiv mit diesem Thema und machte Beobachtungen, die deutlich zeigten, dass die meisten seiner Schüler solche Farben trugen und künstlerisch einsetzten, die ihr Kolorit widerspiegelten. Er erkannte, dass sich diese persönlichen Farben den vier Jahreszeiten zuordnen ließen, und baute auf dieser Erkenntnis eine Methode der Farbanalyse auf, die wir heute als Farbberatung kennen. Hierbei werden Menschen aufgrund ihrer Pigmentierung, Augen und Haarfarbe eingeteilt in Frühling, Sommer, Herbst, Winter und entsprechende Zwischentypen.

Hermann Hesse

Die Natur hat zehntausend Farben, und wir haben uns in den Kopf gesetzt, die Skala auf zwanzig zu reduzieren.

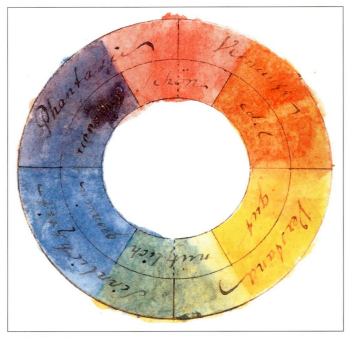
Goethes Farbenkreis

Farbanalyse und -beratung wird heutzutage meist auf einer rein äußerlichen, oft auch oberflächlichen Ebene vorgenommen, was ihr nicht gerecht wird. Ich erlebe häufig, dass Menschen nach einer Farbberatung absolut fixiert auf ihre Farben sind und nur noch mit ihrem Farbenpass einkaufen gehen, ohne zu hinterfragen, ob die Farben im Moment überhaupt gut für sie sind. Es ist eine wunderbare Erfahrung, eine Farbanalyse bei sich selbst zu erleben, keinesfalls aber sollten Sie Sklave dieser Erkenntnis werden.

Mir persönlich ist es wichtig, zu betonen, dass wegen der enormen energetischen Schwingung ein verantwortungsvoller Umgang mit Farben extrem wichtig ist. Denn Farben greifen unter Umständen stark in die Persönlichkeit ein und beeinflussen spürbar die Befindlichkeit. Eine *ganzheitliche* Farbberatung, die all diese Aspekte mit einbezieht, hilft Ihnen jedoch eher, »Ihre Farbe« zu erkennen und nach Wunsch bewusst einsetzen zu können. Auch hier gilt, mit dem Ergebnis nicht dogmatisch umzugehen, sondern es als wohltuende Unterstützung Ihrer Ausrichtung zu sehen.

WIE FARBEN WIRKEN

Das Wissen um die Kraft der Farben ist eine alte Weisheit, die wir heute wieder mehr und mehr für uns entdecken. Auch Johann Wolfgang von Goethe war eine der führenden Persönlichkeiten in der Farbenlehre. Über seine Farbenlehre hat er gesagt: »Auf alles, was ich als Poet geleistet habe, bilde ich mir gar nichts ein. Es haben treffliche Dichter mitgelebt, es leben noch trefflichere vor mir, und es werden ihrer nach mir sein. Daß ich aber in meinem Jahrhundert in der schwierigen Wissenschaft der Farbenlehre das Rechte weiß, darauf tue ich mir etwas zugute (...).«
Jeder Mensch hat ein Harmoniebedürfnis, das er in seinen unterschiedlichen Lebensbereichen befriedigen will. Unser Auge stellt dieses Gleichgewicht bei der Betrachtung von Farben sogar in jedem Moment her, ohne dass wir diesen Prozess beeinflussen können. Farben, die sich im Farbenkreis gegenüberliegen – so genannte Komplementärfarben – werden also immer auch sofort vom Betrachter gebildet (siehe Abbildung links). Das menschliche Auge hat somit die Fähigkeit, fehlende Harmonie herzustellen. Komplementärfarben sind einerseits gegensätzlich – andererseits ergänzen sie einander in ihren Eigenschaften und Aussagen. Deshalb passen sie auch zusammen.
Keine Farbe existiert ohne Bedeutung. Ihre Symbolik nehmen wir von klein an unbewusst in uns auf. Sie entsteht durch eine Vielzahl von Erfahrungen mit Farben, die wir mit der Zeit verinnerlicht haben. Diese Farben werden später dann erinnert durch den jeweiligen Zusammenhang, in dem wir sie wahrnehmen.
Untersuchungen haben ergeben, dass eine bestimmte Farbe bei jedem Menschen nicht nur den gleichen Wahrnehmungsreiz, sondern auch genau den gleichen Empfindungsreiz bewirkt, wobei Letzteres von der gegenwärtigen Gefühlslage des Betreffenden abhängt. Die kraftvolle Farbe Rot kann in ausgeglichener Stimmungslage als anregend empfunden, in eher gereizter Stimmung jedoch als aggressiv erlebt werden.
Zahlreiche Untersuchungen namhafter Farbpsychologen belegen, dass Menschen über bestimmte Farben ähnlich denken. Hier die häufigsten und typischen Assoziationen zu einigen Farben:

Für Klarheit und innere Stille: BLAU
(Grundfarbe)

Diese kühle, reine und tiefe Farbe ist ein weiterer Ruhepunkt im Farbenkreis. Als Symbol des Himmels steht Blau für Weite und Freiheit – als Farbe des Meeres für Tiefe und innere Stille. Blau hilft, wenn man sich unausgeglichen fühlt, die eigene Mitte verloren hat. Blau wird zur Beruhigung und zur Entspannung eingesetzt. Für viele ist Blau die Farbe der Sehnsucht und der Träume. Tatsächlich kann Blau beim Einschlafen helfen.

Blau schafft eine Atmosphäre von Ernsthaftigkeit, Konzentration und sachlicher Distanz.

Komplementärfarbe: Orange

Für Stärke und Gefühl: ROT
(Grundfarbe)

Diese »Kraftfarbe« hat zwei Aspekte: Sie steht für Leben, Energie, Kraft und Liebe einerseits, und für Kampf, Hitze, Leidenschaft, Aggressionen andererseits. Rot löst gestaute Lebensenergien, steigert die körperliche Leistungsfähigkeit und aktiviert das Nervensystem. Rot regt an und wärmt, weckt die Sinnlichkeit. Nervöse Menschen werden unter dem Einfluss von Rot noch unruhiger, weil diese Farbe die Pulsfrequenz erhöht.

Rot passt am besten in kalte Räume, die Wärme brauchen, und in solche, in denen viel Bewegung herrscht.

Komplementärfarbe: Grün

Für Offenheit und Konzentration: GELB
(Grundfarbe)

Hell, strahlend, warm und heiter wie das Sonnenlicht ist diese Farbe. Begriffe wie Offenheit, gedankliche Stärke und Beweglichkeit werden mit ihr in Verbindung gebracht. Gelb stärkt den Lebensantrieb sowie Lernfreude, Arbeitslust und Konzentration und ist ideal für Menschen, die unter Stimmungsschwankungen leiden. Es »öffnet« die Menschen, lässt sie aufeinander zugehen.

Gelb im Raum unterstützt die geistigen Aktivitäten und ist somit eine ideale Farbe für das Arbeitszimmer.

Komplementärfarbe: Violett

Für Energie und Lebensfreude: ORANGE
(gemischt aus Rot und Gelb)

Das warme und belebende Orange ist eine der stärksten Farben überhaupt. Es wird mit Energie, Kraft, Lebensfreude und Expansion in Verbindung gebracht. Orange wärmt und aktiviert, es hebt die Stimmung und das Selbstwertgefühl; bei Neuanfängen wirkt es unterstützend. Diese Farbe löst Introvertiertheit und Melancholie und kann Depressionen lindern.

Aufgrund seiner stark belebenden Wirkung ist Orange in Räumen als Wandfarbe nur vorsichtig einzusetzen. Depressiv veranlagte Menschen können jedoch mehr Heiterkeit spüren.

Komplementärfarbe: Blau

Für Ruhe und Zuversicht: GRÜN
(gemischt aus Gelb und Blau)

Die Farbe der Wälder und Wiesen ist »ein mit sich zufriedenes Element«. Als Komplementärfarbe zu Rot hat Grün entgegengesetzte Eigenschaften: Es wird mit innerer Ausgeglichenheit, Harmonie, Zufriedenheit und kraftvoller Ruhe in Verbindung gebracht. Grün entspannt und beruhigt, gibt Zuversicht und Selbstvertrauen und hat eine starke Heilkraft.

Als Wohnfarbe erzeugt Grün Wohlbehagen, Entspannung sowie ein Gefühl von Ruhe, Weite und Verbundenheit mit der Natur.

Komplementärfarbe: Rot

Für kosmische Energie und Mystik: VIOLETT
(gemischt aus Rot und Blau)

Violett steht für spirituelle Erfahrungen, Mystik, Magie, Bewusstheit und Inspiration. Zusammengesetzt aus dem warmen Rot und dem kalten Blau gilt Violett auch als Ausdruck der Vereinigung von Gegenpolen. Sie ist die am stärksten reinigende Farbe und gleicht Disharmonien aus. Als Heilfarbe beruhigt sie das Herz und andere Muskeln. Sie hilft bei Nervenüberreizung und fördert die Zusammenarbeit zwischen beiden Gehirnhälften.

Violett steht auch für die Empfänglichkeit für Schönheit und hohe Ideale, künstlerische Impulse, Kreativität und Inspiration.

Komplementärfarbe: Gelb

Für Zartheit und Sensibilität: ROSA
(gemischt aus Rot und Weiß)
Rosa gehört zu den warmen Farben, da es von Rot abgeleitet ist. Während Rot jedoch eher für Leidenschaft und Sexualität steht, wird Rosa mit selbstloser Liebe assoziiert. Diese Farbe wirkt wie ein lichtdurchfluteter Rosenquarz und symbolisiert damit auch das Zarte und Sensible. Der Volksmund spricht von Babyrosa und tatsächlich repräsentiert Rosa vom Babyalter an das Urweibliche. Wir verbinden damit Niedliches, Weiches und Sanftmütiges. Rosa vermindert Reizbarkeit und Aggressionen, lindert Verzweiflung und Einsamkeit. Es besänftigt und beruhigt die Gefühle und es öffnet das Herz.
Als Wohnfarbe lässt sich Rosa optimal im Schlafzimmer einsetzen, wenn es darum geht, stärkere Selbstliebe zu entwickeln.

Für Eigenwilligkeit und Unabhängigkeit: TÜRKIS
(gemischt aus Blau und Gelb)
Türkis hat seine kühlende und erfrischende Wirkung vom Blau und unterstützt uns somit bei geistiger Anspannung und Erschöpfung. Der Gelbanteil sorgt für Offenheit und das Aufbauende. Türkis steht für geistige Klarheit, aufrichtige Kommunikation, innere Wahrheit und gedankliche Kreativität. Türkis wirkt bei mentaler Nervosität beruhigend und unterstützt unser Abwehrsystem (gut als Hintergrundfarbe beim Computerbildschirm!).
Als Wandfarbe eingesetzt erzeugt es eine beruhigende und wohltuende Atmosphäre und vergrößert gleichzeitig optisch die Räume.

Für Geborgenheit und Stabilität: BRAUN
Die Farbe der Erde und der Natur steht für Geborgenheit und Wärme. In ihr manifestieren sich unsere Wurzeln. Verspürt man ein Bedürfnis nach Schutz und Aufgehobensein, bietet Braun ein gutes Umfeld. Es erdet uns in unruhigen Zeiten und bringt uns zurück in unsere Mitte.
Braun ist zurückhaltend, aus sehr vielen Farben zusammengesetzt und kann sich deshalb fast allem anpassen.
Braun im Wohnbereich, insbesondere als Möbelstück, gibt das Gefühl von Behaglichkeit und Schutz.

Für Echtheit und Perfektion: **WEISS**

Die Farbe von Hochzeitskleidern, Priestergewändern und Arztkitteln weckt Assoziationen von Reinheit und Unschuld, Glaube und Frömmigkeit, Klarheit und Vollkommenheit, Sauberkeit und Heilung. Gibt Raum zum Nachdenken und unterstützt die Klärung des Geistes.

Zu viel Weiß kann jedoch eine Atmosphäre von Kühle, Reserviertheit und Autorität schaffen und uns somit von Menschen isolieren.

Für Zurückhaltung und Kontrast: GRAU

Grau ist in der Arbeitswelt eine der vorherrschenden Farben. Denn es wirkt neutral, mit dieser Farbe »macht man nichts falsch«. Sie wird mit Unabhängigkeit, Selbstvertrauen und Selbstbeherrschung assoziiert und schützt vor äußeren Einflüssen. Grau ist die Ruhe in sich, es sendet keine lauten Signale, ruft keine Reaktionen hervor. Mit Grau ist man nicht auf der Reise, sondern schon angekommen. Grau gekleidete Menschen können sicher sein, dass man ihnen zuhört, weil ihre Kleidung nicht von ihren Worten ablenkt.

Oft wünscht sich Grau einen bunten Partner, damit es auf Dauer nicht zu farblos und langweilig wirkt. Fast alle Farben kommen in Verbindung mit Grau zum Strahlen.

Für Schutz und Distanz: **SCHWARZ**

Mit Schwarz verbinden wir Stille und Unendlichkeit. Es tröstet und unterstützt, wirkt geheimnisvoll, steht für Dunkelheit und momentanen Lebensstillstand. Wie eine Schutzhülle umgibt uns Schwarz in Zeiten, in denen wir uns vor äußeren wie auch inneren Einflüssen abschirmen wollen. Schwarz kann uns aber auch daran hindern, zu wachsen und uns zu verändern.

Im Beruf steht Schwarz für Kompetenz, Sachlichkeit und Distanz. Auch wenn es eine sehr beliebte Kleidungsfarbe ist, so wird sie oft unbewusst genutzt, um sich vor der Welt zu verstecken. Wer dagegen auf Menschen zugehen oder Nähe zeigen möchte, hat es in Schwarz schwerer.

Diese Charakterisierung lässt sich beliebig fortsetzen – und das können Sie in Gedanken auch selbst tun.

EINLADEND ODER ABWEISEND?

Wer die Sprache der Farben kennt, kann seine Bedürfnisse nach Nähe oder Distanz auch ohne Worte ausdrücken. Sie hilft uns, die unausgesprochenen Botschaften anderer Menschen zu verstehen. Wie Sie aus dem vorangegangenen Abschnitt ersehen konnten: Helle Farben laden ein, signalisieren Nähe; Pastelltöne und weiche Kontraste vermitteln Wärme, Offenheit und Lust auf Kommunikation. Vielleicht ist Ihnen schon einmal aufgefallen, dass ältere Menschen hierzulande meist helle Sachen tragen, zum Beispiel in Beige, Eierschale, Altrosa oder Hellblau. Damit drücken sie, auch ohne sich dessen bewusst zu sein, ihren Wunsch nach Nähe und Lust auf Begegnungen aus.

Dunkle Farben (vor allem Schwarz) schaffen dagegen Distanz, bauen Mauern nach außen und innen auf. Es ist sicher ein Unterschied, ob Sie Schwarz tragen, weil es Ihrer Notwendigkeit entspricht, oder ob Sie es tragen, um schick auszusehen. Aus meinen Beobachtungen heraus kann ich jedoch nur sagen, dass viele Menschen diese Farbe tragen, um ihre Verletzlichkeit zu verbergen.

Es gibt keine »guten« oder »schlechten« Farben, sondern nur geeignete oder ungeeignete für bestimmte Situationen. Darum lautet die zentrale Frage: »Wie wollen Sie wirken?«

Möchten Sie, dass Ihr Gegenüber emotional reagiert, macht es keinen Sinn, in beruhigendem Blau vor ihm zu sitzen. Haben Sie Lust auf die Blicke anderer, ist ein rotes Outfit genau das Richtige. Wollen Sie zart und verletzlich wirken, helfen Ihnen helle Pastelltöne. Geht es um eine Gehaltserhöhung, muss schon das dunkle Outfit in der Kombination mit hellen Oberteilen her. Auf keinen Fall macht es Sinn, sich im schwarzen Outfit in eine Singlebar zu setzen und gleichzeitig zu hoffen, dass es den anderen damit leichter fällt, Sie anzusprechen. Interessanterweise ist das aber die vorherrschende Kleidungsfarbe in solchen Bars. Warum also mit der Kleidung Distanz schaffen, wenn man sich Nähe wünscht?

Bewusst oder unbewusst spürt jeder Mensch die Wirkungen von Farben. Kinder vor allen Dingen lassen diese Gefühle ungefiltert heraus, und was dann geschehen kann, habe ich vor einiger Zeit selbst erlebt. Eine Seminarteilnehmerin, die einen Kindergarten leitet, bat mich einmal um einen Besuch dort, weil es ein Problem gab, bei dem sie nicht mehr weiterwusste: Eines der Kinder, ein Neuankömmling, hatte jeden Tag große Mühe, sich von seiner Mutter zu verabschieden, und hörte gar nicht mehr auf zu schreien und zu weinen. Eine Erzieherin nahm es dann immer auf den Arm, drückte es an sich und versuchte es zu trösten. Doch statt sich zu beruhigen, musste das Kind sich jedes Mal übergeben.

Da ich häufiger in der Nähe dieses Kindergartens zu tun hatte, konnte ich es einrichten, einige Tage nacheinander morgens dort zu sein. Nachdem ich die Abschiedsszene einige Male mit angesehen hatte, war mir klar, was da passierte: Die Erzieherin, die sich um das »Schrei-Kind« kümmerte, war eine bildschöne Mulattin, dazu frisch verliebt und sie trug, was zu ihrem Hauttyp und ihrer Lebenssituation am besten passte: Rot und Orange – zwei strahlende, laute, kraftvolle Farben. Doch für das Kind in seiner Erregung und seinem Kummer erzeugte die Energie dieser Farben einen Überdruck, der ein Ventil brauchte, und in diesem Fall reagierte das Kind mit Erbrechen. Blau und Grün waren die Farben, die ihm jetzt helfen würden – es mag sein, dass manche der Anwesenden diese Erklärung zu einfach fanden, doch sie machten mit: Am nächsten Morgen kamen alle Erzieherinnen in Blau und Dunkelgrün und es war für alle mehr als erstaunlich, dass sich das Kind augenblicklich deutlich beruhigte. Wir haben dann noch eine blaugrüne Ecke gebaut und die Mutter gebeten, sich in den folgenden Tagen dort von ihrem Kind zu verabschieden. Innerhalb einer Woche hat das Schreien tatsächlich aufgehört, und das Kind begann, sich im Kindergarten wohl zu fühlen.

Ganz allgemein legte ich den Müttern und Erzieherinnen auch ans Herz, ihre Kinder die Farben ihrer Kleidung und das, was sie anziehen möchten, selbst bestimmen zu lassen. Sie wissen intuitiv, welche Farbe sie gerade brauchen, das heißt, welche ihnen gut tut. Denn die Farbe wirkt unmittelbar auf die Seele. Sehr gefreut habe ich mich dann übrigens über den kleinen Jungen, der eines Morgens an meiner Hose zupfte und ganz aufgeregt fragte: »Bist du die Farbtante?« Als ich bejahte, gab er mir seine kleine, feuchte Hand und sagte: »Heute durfte ich endlich das rosa Sweatshirt anziehen – vielen Dank!«

> **Vincent van Gogh**
>
> Farbe drückt aus sich selbst heraus etwas aus, davon muss man Gebrauch machen.

SEELENFARBEN

Den Charakter und die spezifische Aussage, die einer Farbe innewohnt, kann man auch auf die Persönlichkeit eines Menschen übertragen. Wir sprechen dann von so genannten »Seelenfarben«. Es ist fast so, als sei jede Farbe eine Persönlichkeit für sich, sodass man mit den Seelenkräften der Farbe auch Persönlichkeitsbilder von Menschen malen könnte. Dabei werden jeder Farbpersönlichkeit bestimmte Charaktereigenschaften zugeordnet. So geht man beispielsweise von einer roten Farbpersönlichkeit aus, wenn jemand sehr impulsiv und feurig ist, von einer »grünen«, wenn jemand harmonisch und natürlich wirkt, von einer »blauen«, wenn jemand eine ruhige und gelassene Ausstrahlung hat.

Unsere Lieblingsfarben repräsentieren jene Anteile unserer Persönlichkeit, die wir mögen. Mit ihnen schaffen wir das Bild, mit dem wir uns zeigen wollen. Doch auch wenn wir eine Lieblingsfarbe haben, ziehen uns viele andere Farben je nach Stimmung und Gefühlslage vorübergehend an. Wenn Ihre Farbvorlieben sich schon einmal deutlich verändert haben, können Sie überlegen, was zu diesem Zeitpunkt in Ihrem Leben geschah. Es ist sehr wahrscheinlich, dass die neuen Farben Eigenschaften symbolisieren, die Sie in diesem Moment in Ihrem Leben integrieren wollten. Die Seelenfarbe kann mit Ihrer Lieblingsfarbe durchaus identisch sein, aber das ist keineswegs zwingend. Seelenfarben zeigen unsere Stärken ebenso auf wie unsere Herausforderungen.

Die Beziehung zur eigenen Seelenfarbe ist so spannend, dass es sich lohnt, sie genauer zu betrachten. Aber eine Bemerkung vorweg: Die folgenden Ausführungen sind nicht wissenschaftlich belegt, sondern basieren auf dem Erfahrungswissen von Farbpsychologen, die sich in ihrer täglichen Praxis mit den Eigenschaften und der Wirkung von Farben beschäftigen.

Ich lade Sie nun ein zu einem weiteren Ausflug in das Land der Farben. Diesmal geht es nicht um ihre optische Wirkung, sondern ich werde Ihnen jede Farbe als »Persönlichkeit« mit bestimmten Eigenschaften und Verhaltensweisen vorstellen. Haben Sie Lust, sich aktiv zu beteiligen? Denn mit den jeweiligen Texten können Sie sich selbst zielsicher auf die Spur kommen und herausfinden, welches *Ihre* Seelenfarbe ist! Überraschungen sind dabei nicht ausgeschlossen ...

Geben Sie in den Rubriken für jedes Merkmal an, ob es auf Sie selbst »gar nicht«, »eher nein«, »eher ja« oder »sehr stark« zutrifft. Damit Sie beim Ausfüllen möglichst unbefangen sind, nenne ich die Namen der Farben zunächst nicht.

WELCHE IST »MEINE« FARBE?

Farbe 1

Klarer Verstand, Gelassenheit und Konzentrationsfähigkeit sind typische Eigenschaften der Farbe-1-Menschen. Zusammenhänge zu erfassen und Strukturen herzustellen fällt ihnen leicht. Sie arbeiten eher geistig als körperlich – in Wissenschaft und Forschung, Wirtschaft und Politik, aber auch im Bereich der Psychologie.

Farbe-1-Menschen arbeiten mit Vorliebe allein, selbstständig und treffen gern Entscheidungen. Planen und organisieren fällt ihnen leicht.

Einige Farbe-1-Personen neigen dazu, über dem Intellekt die Gefühle zu vergessen. Diese Menschen sind häufig anderen und auch sich selbst gegenüber zu streng. Laute Menschen stören sie.

Trifft auf mich zu	gar nicht	eher nicht	eher ja	sehr stark
selbstbewusst	❏	❏	❏	❏
ruhig und gelassen	❏	❏	❏	❏
zuhören können	❏	❏	❏	❏
introvertiert	❏	❏	❏	❏
gerecht	❏	❏	❏	❏
sachlich	❏	❏	❏	❏
sehr genau	❏	❏	❏	❏
organisiert	❏	❏	❏	❏
unabhängig	❏	❏	❏	❏
rational	❏	❏	❏	❏

Farbe 2

Beschützen, bewachen, kritisch beobachten – das sind typische Verhaltensweisen der Farbe-2-Menschen. Sie brauchen viel Freiraum und wollen ihre Eigenwilligkeit ausleben – auch im Beruf. Viele sind selbstständig, zum Beispiel als Ärzte oder Anwälte. Auch unter Musikern, am Theater und in der bildenden Kunst sind viele Farbe-2-Menschen zu finden. Unkonventionelle Arbeiten und experimentelle Produktionen sind typisch für sie.

Im Team übernehmen Farbe-2-Menschen leicht die Führungsrolle. Für junge, unerfahrene Kolleginnen oder Kollegen sind ihr Rat und ihre Anleitung oft wertvoll. Sie gelten als auseinandersetzungsfreudig, reagieren jedoch selten spontan.

Einige Farbe-2-Personen neigen dazu, vermeintlich Schwächere zu bevormunden und ihre Hilfe aufzudrängen. Selbst Hilfe anzunehmen, über ihre Gefühle und über eigene Schwierigkeiten offen zu sprechen fällt diesen Menschen jedoch schwer.

Trifft auf mich zu	gar nicht	eher nicht	eher ja	sehr stark
kommunikativ	☐	☐	☐	☐
rational	☐	☐	☐	☐
anpassungsfähig	☐	☐	☐	☐
humorvoll	☐	☐	☐	☐
unschlüssig	☐	☐	☐	☐
kompetent	☐	☐	☐	☐
kindlich	☐	☐	☐	☐
bewusst	☐	☐	☐	☐
weltoffen	☐	☐	☐	☐
sarkastisch	☐	☐	☐	☐

Farbe 3

Helfen, für andere da sein, Harmonie schaffen – das sind Aufgaben, die ein Farbe-3-Mensch bereitwillig übernimmt. Viele entscheiden sich deshalb für einen Heil- oder Pflegeberuf. Gern arbeiten sie auch mit Tieren oder in der Natur.

Eine Farbe-3-Person im Team ist Anlaufstelle bei allen Problemen. Sie vermittelt bei Konflikten und ist in der Zusammenarbeit selbst sehr »pflegeleicht«. Von dominanten Kolleginnen oder Kollegen wird sie leicht »untergebuttert«.

Einige Farbe-3-Personen neigen zum »Klammern« und zur Gluckenhaftigkeit. Bei diesen Menschen kann es auch vorkommen, dass sie sich bedenkenlos unterordnen und dann eine Opferhaltung einnehmen.

Trifft auf mich zu	gar nicht	eher nicht	eher ja	sehr stark
ausgeglichen	❏	❏	❏	❏
herzlich	❏	❏	❏	❏
gewissenhaft	❏	❏	❏	❏
verständnisvoll	❏	❏	❏	❏
harmoniebedürftig	❏	❏	❏	❏
ausdauernd	❏	❏	❏	❏
konventionell	❏	❏	❏	❏
vorsichtig	❏	❏	❏	❏
zufrieden	❏	❏	❏	❏
sentimental	❏	❏	❏	❏

Farbe 4

Farbe-4-Menschen werden von vielen beneidet, denn sie wissen, wo sie stehen, sie sind scheinbar frei von Ängsten, und sie gehen Probleme direkt an, wirken heiter und locker. Sie kennen ihre Grenzen und wahren sie auch, können im gleichen Maße geben und nehmen. Großen Wert legen sie auf ihre Unabhängigkeit und können andere nehmen, wie sie sind.

Selbstständig zu arbeiten oder einen Betrieb zu führen liegt den Farbe-4-Menschen. Sie können nämlich gut mit Geld umgehen, verkaufen sich nicht unter Wert und können Kapital vermehren, ohne geizig zu sein. Im Beruf sind sie »Kopfarbeiter«, sie wollen immer geistig gefordert sein, dazulernen und Wissen weitergeben. Deshalb reizt viele von ihnen eine Tätigkeit in der Wissenschaft, in den Medien oder in der Reisebranche.

Einigen Farbe-4-Menschen fehlt es manchmal an Einfühlungsvermögen und Verständnis für andere. Sie können auch zur Überheblichkeit neigen.

Trifft auf mich zu	gar nicht	eher nicht	eher ja	sehr stark
verantwortungsbewusst	❏	❏	❏	❏
leistungsorientiert	❏	❏	❏	❏
koordiniert	❏	❏	❏	❏
wirtschaftlich denkend	❏	❏	❏	❏
kommunikativ	❏	❏	❏	❏
intellektuell	❏	❏	❏	❏
humorvoll	❏	❏	❏	❏
warmherzig	❏	❏	❏	❏
umgänglich	❏	❏	❏	❏
vielseitig	❏	❏	❏	❏

Farbe 5

Farbe-5-Menschen lassen sich ganz stark von Gefühl und Intuition leiten, sie sind die Hingabe selbst, verlieren dabei aber nie den Bezug zur Realität. Ihr ausgeprägter Sinn für schöne Körper lässt sie Berufe und Hobbys wählen, in denen Kunst und Körperkultur im Vordergrund stehen – zum Beispiel Tanz, Bildhauerei, Körpertherapie, Massage, Friseurhandwerk oder Kosmetik.

In Beziehungen sind Farbe-5-Menschen die »Gebenden«, lassen sich aber ungern ausnutzen. Kolleginnen oder Kollegen mögen sie, weil sie in der Zusammenarbeit unkompliziert sind und bei Konflikten vermitteln können.

Einige Farbe-5-Menschen neigen dazu, sich auf ihre eigenen Gefühle zu fixieren und die der anderen gar nicht wahrzunehmen.

Trifft auf mich zu	gar nicht	eher nicht	eher ja	sehr stark
auffällig	❏	❏	❏	❏
konstruktiv	❏	❏	❏	❏
tatkräftig	❏	❏	❏	❏
vertrauensvoll	❏	❏	❏	❏
hingebungsvoll	❏	❏	❏	❏

Fortsetzung Seite 93

Trifft auf mich zu	gar nicht	eher nicht	eher ja	sehr stark
hilfsbereit	❏	❏	❏	❏
extravertiert	❏	❏	❏	❏
sinnlich	❏	❏	❏	❏
voreilig	❏	❏	❏	❏
leicht zu begeistern	❏	❏	❏	❏

Farbe 6

Farbe-6-Menschen füllen den Raum, sobald sie auch nur in der Tür stehen. Sie sind spontan, impulsiv, voller Kraft und Energie. Berufe, in denen sie mit Sport, Mode, Musik, Kunst, Theater oder Film zu tun haben, liegen ihnen sehr. Sie sind verantwortungsvoll und verlangen sich selbst, aber auch anderen viel ab.

Im Team, in einer Beziehung oder in einer Gruppe übernehmen Farbe-6-Menschen oft die Führungsrolle. Andere anzuleiten und zu unterrichten, Vorträge zu halten oder Seminare zu geben fällt vielen von ihnen leicht.

Einige Farbe-6-Menschen neigen zu Dominanz, aggressivem Verhalten und Gefühlsausbrüchen.

Trifft auf mich zu	gar nicht	eher nicht	eher ja	sehr stark
vorangehend	❏	❏	❏	❏
ehrgeizig	❏	❏	❏	❏
willensstark	❏	❏	❏	❏
anstrengend	❏	❏	❏	❏
polarisierend	❏	❏	❏	❏
fixiert	❏	❏	❏	❏
impulsiv	❏	❏	❏	❏
tatkräftig	❏	❏	❏	❏
sinnlich	❏	❏	❏	❏
vital	❏	❏	❏	❏

Farbe 7

Diesen Menschen möchte man gleich etwas abnehmen, weil sie zart, manchmal geradezu hilflos wirken. Doch dieser erste Eindruck täuscht: Farbe-7-Menschen wissen, was sie wollen, und gehen unabhängig ihren Weg.

Berufe, in denen sie gestalterisch arbeiten können – zum Beispiel als Grafiker oder Modedesignerin – oder sich Menschen zuwenden können – etwa als Erzieher/in oder in der Altenbetreuung –, liegen ihnen besonders.

Im Team treten sie nicht lautstark auf und ergreifen selten die Initiative. Oft geben sie wichtige Impulse, halten sich dabei aber ganz zurück und lassen andere in Erscheinung treten.

Einige Farbe-7-Personen neigen zu einem schwächlichen, mimosenhaften Verhalten. Diese Menschen erwarten ständige Fürsorge und flüchten sich schlimmstenfalls in eine Krankheit, um andere zu erpressen.

Trifft auf mich zu	*gar nicht*	*eher nicht*	*eher ja*	*sehr stark*
mitfühlend	❏	❏	❏	❏
gebildet	❏	❏	❏	❏
kooperativ	❏	❏	❏	❏
anregend	❏	❏	❏	❏
ichstark	❏	❏	❏	❏
zielsicher	❏	❏	❏	❏
herzlich	❏	❏	❏	❏
kraftvoll	❏	❏	❏	❏
liebevoll	❏	❏	❏	❏
weise	❏	❏	❏	❏

Farbe 8

Karriere, Besitz und Statussymbole spielen für diese Menschen keine Rolle – ihnen kommt es auf »innere Werte« an. Anderen gegenüber sind sie offen, nehmen sie an und geben ihnen ein Gefühl der Geborgenheit.

Für Farbe-8-Menschen ist der Beruf vor allem eine Berufung. Viele arbeiten in der Seelsorge, Medizin oder ähnlichen Bereichen, in denen sie etwas für andere tun. Wenn sie sich für einen kreativen und/oder künstlerischen Beruf entscheiden, wählen die meisten eine Arbeit mit genügend Rückzugsmöglichkeiten.

Sofern sie sich mit ihrer Arbeit identifizieren können, fällt es Farbe-8-Menschen leicht, ein Team zu führen. Sie überzeugen die anderen von der gemeinsamen Sache, reißen sie mit und geben alles, um das Ziel zu erreichen. Widerstände und Schwierigkeiten sind für sie dann sogar ein zusätzlicher Anreiz.

Einige Farbe-8-Personen haben etwas übertrieben Missionarisches an sich. Diese Menschen wollen andere »bekehren« und »auf den richtigen Weg bringen«. Wer ihnen nicht folgt, wird von ihnen schnell ausgegrenzt.

Trifft auf mich zu	gar nicht	eher nicht	eher ja	sehr stark
individualistisch	❑	❑	❑	❑
ausgeglichen	❑	❑	❑	❑
sensibel	❑	❑	❑	❑
stolz	❑	❑	❑	❑
desorganisiert	❑	❑	❑	❑
friedfertig	❑	❑	❑	❑
grüblerisch	❑	❑	❑	❑
religiös/spirituell	❑	❑	❑	❑
visionär	❑	❑	❑	❑
künstlerisch	❑	❑	❑	❑

Farbe 9

Wärme und Natürlichkeit sind typische Eigenschaften einer Farbe-9-Person. Diese Menschen hat jeder gern um sich. Sie schillern und strahlen nicht – doch sie vermitteln Sicherheit und Geborgenheit. In der Familie und in einem Team sind sie der ruhende Pol.

Farbe-9-Menschen lieben die Natur und leben diese Seite ihres Wesens gern auch im Beruf aus. Viele von ihnen sind im Gartenbau, in der Land– und Forstwirtschaft, unter Heilpraktikern und Tierärzten zu finden; Büroarbeit und Verwaltung mögen sie weniger. Wenn sie sich an einem Wohnort oder in einem Betrieb wohl fühlen, wechseln sie ungern. Langfristig angelegte Projekte mit Kontinuität sind bei ihnen in guten Händen.

Bei einigen Farbe-9-Menschen kann die Beständigkeit zur Erstarrung werden; sie halten an der vertrauten Umgebung und ihren eingefahrenen Gewohnheiten ängstlich fest. Diese Menschen verlangen auch von anderen Ernsthaftigkeit und können mit spontanen Reaktionen nicht umgehen.

Trifft auf mich zu	*gar nicht*	*eher nicht*	*eher ja*	*sehr stark*
in sich ruhend	❏	❏	❏	❏
zuverlässig	❏	❏	❏	❏
treu	❏	❏	❏	❏
warmherzig	❏	❏	❏	❏
häuslich	❏	❏	❏	❏
konventionell	❏	❏	❏	❏
eifersüchtig	❏	❏	❏	❏
naturverbunden	❏	❏	❏	❏
kreativ	❏	❏	❏	❏
ernsthaft	❏	❏	❏	❏

Farbe 10

Ihr zärtliches, liebevolles Wesen macht sie so einfühlsam und verständnisvoll. Es sind Menschen mit leiser Stimme und verhaltenem Lächeln. Sie haben etwas Märchenhaftes und können Kraftprotzerei und laute Menschen nicht ausstehen. Farbe-10-Menschen gehen unabhängig ihren Weg. Der »Härte des Lebens« stehen Sie oftmals mimosenhaft gegenüber. Gerne nehmen sie die Hilfe anderer an und verhalten sich oftmals kindlich. Gestalterische Berufe und der Umgang mit Kunstgegenständen sind für sie ideal. Aber auch in sozialen Berufen, wie Altenpflege oder Kinderbetreuung, fühlen sie sich wohl.

Trifft auf mich zu	gar nicht	eher nicht	eher ja	sehr stark
zart	❏	❏	❏	❏
sensibel	❏	❏	❏	❏
ästhetisch	❏	❏	❏	❏
zartgliedrig	❏	❏	❏	❏
graziös	❏	❏	❏	❏
zurückgezogen	❏	❏	❏	❏
schwächlich	❏	❏	❏	❏
genau	❏	❏	❏	❏
hilfsbedürftig	❏	❏	❏	❏
mimosenhaft	❏	❏	❏	❏

Alles ausgefüllt? Dann können Sie nun in der folgenden Tabelle für jede Farbe eintragen, wie oft Sie die vier Kategorien angekreuzt haben. Ein Beispiel: Wenn fünf Merkmale der Farbe 3 auf Sie »sehr stark« zutreffen, schreiben Sie in diese Kategorie eine 5.

	gar nicht	eher nicht	eher ja	sehr stark
Farbe 1				
Farbe 2				
Farbe 3				
Farbe 4				
Farbe 5				
Farbe 6				
Farbe 7				
Farbe 8				
Farbe 9				
Farbe 10				

Wenn Sie alles zusammengezählt und eingetragen haben, können Sie Ihre Seelenfarbe auf einen Blick erkennen – es ist die, die unter »sehr stark« oder »eher ja« die meisten Punkte hat.

Und hier die Farben, die sich hinter den Zahlen verbergen:

1 Blau	6 Rot
2 Türkis	7 Magenta (Rot/Blau)
3 Grün	8 Violett
4 Gelb	9 Braun
5 Orange	10 Rosa

Nochmals: Es gibt keine Farbe, die besser oder schlechter ist als die andere. Unsere Seelenfarben zeigen uns nur, welche Themen wir in unserem Leben schon durchlebt haben. Lesen Sie sich die Beschreibung Ihrer Farbe auf den Seiten 89 bis 96 (und auch auf den Seiten 80 bis 83) noch einmal durch und schauen Sie sich die Merkmale an.

Es kann auch gut sein, dass Sie mehrere Farben hoch bepunktet haben. Dann repräsentieren Sie offenbar gleich mehrere Seelenfarben und vereinen besonders viele Eigenschaften und Merkmale in sich, die einander zum Teil ergänzen und verstärken, zum Teil vielleicht auch widersprechen.

Noch ein Tipp: Schauen Sie sich auch die Farben an, denen Sie kaum Punkte gegeben haben – also die Farbe mit den meisten Punkten unter »gar nicht« und »eher nicht«. Denn Farben, mit denen wir nicht versöhnt sind, können wunderbare Wegweiser für die künftigen Lernaufgaben des Lebens sein.

DER RESPEKTVOLLE UMGANG MIT FARBEN

Wie wir gesehen haben, sind Farben das Kleid unserer Persönlichkeit. Sie können zum Vermittler verschiedener Eigenschaften werden und uns zu einer Ausstrahlung verhelfen, die mit unserem Innersten identisch ist.

Auch die Kleiderfarbe, die wir tragen, hat eine Wirkung nach innen und nach außen. Das heißt, sie ist ein Signal für unser Gegenüber und beeinflusst gleichzeitig unser Innerstes. Doch solange die Farbwahl von unbewussten Prozessen bestimmt ist, sind wir »keine freien Künstler« unseres eigenen Images. Kennen Sie aber die Aussagen von Farben, können Sie spielerisch mit Ihnen umgehen und je nach Situation souverän die passende Farbe einsetzen Was wir jedoch nie tun sollten, ist, anderen Menschen Farben zu diktieren – schon gar nicht unseren Kindern. Wir als Außenbetrachter können immer nur die optische Wirkung beurteilen. Niemals aber können wir wissen, ob die Farbe, die wir an jemandem schön finden, auch gut für ihn selber ist.

7 »ICH KENNE MEINE WIRKUNG«

DIE MACHT DES ERSTEN EINDRUCKS

Die Tür geht auf, jemand kommt herein, und schon wissen wir, mit wem wir es zu tun haben. Wirklich? Bereits Bruchteile von Sekunden entscheiden! Innerhalb einer weiteren halben Sekunde bis maximal neunzig Sekunden hat sich der erste Eindruck von einem Menschen vertieft und er landet bei uns in irgendeiner Schublade. Und diese Schublade geht so schnell nicht wieder auf.

Schon Leonardo da Vinci wusste: »Der Mensch ist ein Augentier«, und tatsächlich ziehen wir meist blitzschnell Rückschlüsse von der äußeren auf die innere Qualität des anderen. Wir leben in einer Gesellschaft, in der Menschen vor allem nach ihrem Äußeren beurteilt werden. Doch dabei wissen wir alle, dass der Wert eines Menschen nicht zwingend von seiner äußeren Erscheinung oder seinem Auftreten abhängt. Bleiben wir jedoch bei dieser verkürzten Wahrnehmung, besteht die Gefahr, unser Gegenüber nur aufgrund oberflächlicher Signale einzuschätzen, denn wir kennen oft gar nicht die Hintergründe, warum Menschen sich so oder so kleiden oder verhalten, wie die folgende Geschichte eines Mannes zeigt:

»In der New Yorker U-Bahn saßen die Passagiere still da, manche lasen Zeitung, andere waren in Gedanken verloren, einige hatten die Augen geschlossen und ruhten sich aus. Es war eine ruhige, friedliche Szene.

Dann stieg ein Mann mit seinen Kindern ein. Die Kleinen waren laut und ungestüm, die ganze Stimmung änderte sich abrupt. Der Mann setzte sich neben mich und machte die Augen zu. Er nahm die Situation offenbar überhaupt nicht wahr. Die Kinder schrien herum, warfen Sachen hin und her, sogar an die Zeitungen der anderen Fahrgäste. Sie waren sehr störend. Aber der Mann neben mir tat gar nichts. Es war sehr schwirig, nicht davon irritiert zu sein. Ich konnte nicht fassen, dass er so teilnahmslos war, dass er seine Kinder dermaßen herumtoben ließ und nichts dagegen tat, überhaupt keine Verantwortung dafür übernahm. Es war deutlich, dass sich auch alle anderen Fahrgäste in der U-Bahn ärgerten.

Mit aus meiner Sicht ungewöhnlicher Geduld und Zurückhaltung sprach ich den Mann schließlich an: ›Ihre Kinder stören wirklich sehr viele Leute hier. Können Sie sie nicht vielleicht etwas mehr unter Kontrolle bringen?‹ Der Mann hob die Augen, als ob er sich zum ersten Mal der Situation bewusst würde, und sagte leise: ›Oh, Sie haben Recht. Ich sollte etwas dagegen tun. Wir kommen gerade aus dem Krankenhaus, wo ihre Mutter vor einer Stunde gestorben ist. Ich weiß nicht, was ich denken soll, und die Kinder haben vermutlich auch keine Ahnung, wie sie damit umgehen sollen.‹

Können Sie sich vorstellen, was ich in diesem Augenblick empfand? Mein Paradigma wechselte. Plötzlich sah ich die Dinge anders, und da ich anders sah, dachte, fühlte und verhielt ich mich auch anders.« (Aus Stephen R. Covey: *Die sieben Wege zur Effektivität*)

Diese Geschichte zeigt deutlich, wie voreilig wir oft urteilen. Und sie zeigt, warum wir über das Äußerliche hinaus immer wieder bereit sein sollten, auch »mit dem Herzen zu sehen« und unserem Gegenüber grundsätzlich Respekt zu erweisen, bevor wir ihn »einordnen«.

Dennoch: Bereits Bruchteile von Sekunden entscheiden! Und diese Tatsache sollten wir (von dramatischen Situationen wie die geschilderte einmal abgesehen) in unserem von Äußerlichkeiten geprägten Alltag stets beherzigen. Wir sind sozusagen wandelnde Botschaften und haben es in der Hand, so oder so »rüberzukommen«. Aber tun wir das denn auch? Wenn wir wollen, dass uns andere gleich richtig einschätzen und erkennen, müssen wir zunächst einmal wissen, was wir durch unser Aussehen und Auftreten *unbewusst* vermitteln, und können uns dann die Schublade selber aussuchen, in die man uns hineinzustecken gedenkt.

Das klingt viel versprechend? Gut, dann werden wir uns in den folgenden Abschnitten darin üben, die Treffsicherheit zu erhöhen. Tauchen wir ein in die Welt des »schönen Scheins« *und* des Selbstbewusstseins – damit sich die Schönheit Ihrer Persönlichkeit, Ihr Charisma, mehr und mehr entfalten kann!

KLEIDUNG SETZT SIGNALE

Unsere Kleidung ist ein wichtiger Teil von dem, was wir der Welt als unser Inneres präsentieren. Und sie reflektiert gleichzeitig, wie wir uns mit uns selbst fühlen.

Die zentrale Frage morgens am Kleiderschrank ist doch: Wird das, was ich anziehe, eigentlich dem gerecht, was ich rüberbringen möchte – also ein inneres Bild zu projizieren, das mit dem äußeren in Einklang steht. Sie können die teuersten und schönsten Kleidungsstücke tragen, und dennoch senden Sie negative Botschaften über sich selbst aus, wenn Sie kein positives Selbstbild haben. Sie können so gut aussehen, wie Sie wollen, das innere Bild, das Sie von sich selbst haben, wird immer mit übertragen. Auch im Beruf ist dies entscheidend, denn dort beschäftigen wir uns oft stark damit, das Passende zu tragen, um einen optimalen Eindruck zu machen, wie das folgende Beispiel zeigt:

»Die Basics für Männer sind der Business-Anzug in gedecktem Farbton, helles Hemd und Krawatte. Damit der Berufseinsteiger problemlos durch die Arbeitswoche kommt, sollten auf seiner Einkaufsliste stehen: ein dunkler Anzug, zwei Kombinationen aus Jackett und Hose, mindestens für jeden Tag ein unifarbenes Hemd und dazu passende Krawatten ... Die Standards für Geschäftsfrauen sind Hosenanzug oder Kostüm in dunklen Farben, wobei der Rock nicht zu kurz sein darf. Unter dem Blazer trägt sie eine Bluse oder ein T-Shirt. Der Kleiderschrank der Berufseinsteigerin enthält ein dunkles Etuikleid mit mehreren Feinstrumpfhosen für Geschäftstermine, einen langen Rock oder eine klassische Hose in dunklen Farben, einen dunklen Hosenanzug, weiße oder hellblaue Blusen ...« (Aus der Zeitschrift: *BIZZ*)

Aus: H.J. Kratz: *Rhetorik – Schlüssel zum Erfolg*

Unsere Wahrnehmung läuft zu
83 % über das Sehen
11 % über das Hören
3,5 % über das Riechen
1 % über das Schmecken
1,5 % über das Tasten.

Empfehlungen dieser Art orientieren sich an der nach wie vor gängigen Kleidernorm im Business-Bereich, mit der man nirgendwo aneckt und seine Kompetenz unterstreichen kann. Natürlich ist ein stimmiges Outfit im Berufsleben eine große Hilfe, weil es uns Sicherheit gibt und bei Kunden und Geschäftspartnern »Türen öffnet«. Doch Vorsicht! Wenn Sie durch die Kleidung taff wirken wollen, müssen Sie es auch von *innen* heraus sein, sonst kann das exquisiteste und abgestimmteste Outfit leicht wie eine Maskerade wirken!

Das heißt: Wenn Sie diesbezüglich ein wenig Unsicherheit spüren, sollten Sie die strenge Norm nicht unhinterfragt mitmachen, sondern entweder nach Kompromissen suchen oder aber sich klarmachen, dass Sie in diese Kleidung entsprechend »hineinwachsen« müssen. Was auch immer Sie wählen: Entscheidend ist, dass Sie sich wohl fühlen!

Mir persönlich ist es bei meinen Beratungen sehr wichtig, die Betreffenden stets auf diese Aspekte hinzuweisen. Wir arbeiten dann gemeinsam nicht nur an der äußeren Veränderung, sondern vor allem zunächst an der inneren Einstellung, durch die letztlich die ganz persönliche Ausstrahlung gesteuert wird. Die Fotos in meinem »Vorher-Nachher-Ordner« geben dieser ganzheitlichen Herangehensweise Recht, wenn zu sehen ist, wie überzeugend Frau oder Mann wirkt, weil das Außen und Innen nun übereinstimmen.

Deshalb: Ich wünsche mir von Herzen, dass die Menschen, die dieses Buch lesen oder in einem meiner Seminare waren, sich vor dem Kleiderschrank nur noch eine Frage stellen: *Was will ich heute?* Es geht nicht darum, ob das, was Sie heute anziehen, in oder out, teuer oder billig ist. Es geht darum, ob diese Kleidung dem Teil Ihrer Persönlichkeit gerecht wird, den Sie heute besonders hervorheben wollen. Es geht auch darum, ob sie zu Ihren Zielen und Werten in Ihrem Leben passt, ob sie geeignet ist, Ihren Partnern, Freunden, Kollegen und Kunden authentisch gegenüberzutreten.

> **David Hume**
>
> Schönheit ist keine Qualität an sich, die den Dingen innewohnt; sie existiert lediglich in dem Geist, der sie betrachtet, und jeder Geist nimmt eine andere Schönheit wahr.

HARMONIE INNEN UND AUSSEN

Nicht zuletzt geht es darum, ob das, was Sie tragen, Ihre optischen Vorzüge und Ihre Figur optimal zur Geltung bringt. Um diese Fragen geht es natürlich auch in der Stilberatung. Wenn Sie einige Grundzüge kennen – und einen großen Spiegel zur Verfügung haben –, können Sie sich selbst »beraten«, und das sollten Sie auch, denn:

Es gibt nur einen Menschen auf der Welt, der ganz genau weiß, welche Kleidung zu Ihrem Körper, Ihrer Persönlichkeit, Ihrer Stimmung passt – und das sind Sie selbst.

Wie wir aus der Farbenlehre schon gelernt haben, fordert unser Auge Harmonien, wie es beispielsweise nach dem Komplementärgesetz geschieht (siehe Seite 79). Diese Harmonie herzustellen ist ein Ur-Instinkt in uns. Somit ist Harmonie keine Frage von Geschmack – Harmonie ist ein angeborener Reflex. Deshalb wirken »stimmige« Menschen, bei denen die Proportion und die Kleidung miteinander harmonieren, schön auf uns – und zwar unabhängig davon, ob sie jung oder alt, groß oder klein, dick oder dünn sind. Die Stilberatung beschäftigt sich mit der Lehre der Proportionen, also mit dem Verhältnis der verschiedenen Körperabmessungen zueinander. Die idealen Proportionen zwischen Kopf, Oberkörper und Beinen hat Leonardo da Vinci in seinem »goldenen Schnitt« dargestellt.

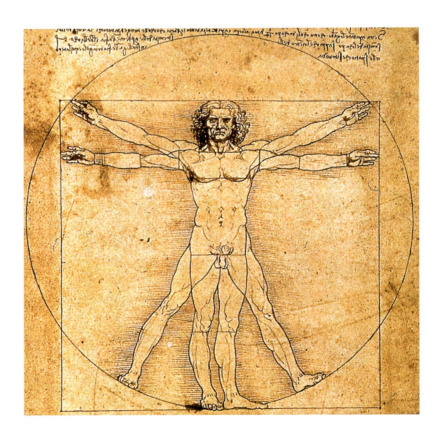

Beim goldenen Schnitt verhält sich das kleine Stück im Verhältnis zum größeren Stück wie das größere Stück zur ganzen Strecke. Im Idealfall stehen sie in einem Verhältnis zueinander, das man dann »goldener Schnitt« nennt. Diese Verhältnismäßigkeit ist naturgegeben und wird von uns unbewusst empfunden. Wir wissen intuitiv, ob ein Mensch zum Beispiel ein »Sitzriese« ist, also im Sinn des goldenen Schnitts zu kurze Beine hat. Die Feststellung »Hast du aber schöne lange Beine!« ist natürlich als Kompliment gedacht, heißt aber in der Umkehrung auch: »Proportioniert bist du nicht, dein Oberkörper ist zu kurz.«

Ist ein Körper wie nach dem goldenen Schnitt proportioniert, wirkt er auf uns schön und harmonisch. In der Stilberatung wird diese Proportion ausgemessen, und zwar die Strecke vom Scheitel bis zur Brust, bis zur breitesten Stelle im Hüftbereich, bis zum Knie und bis zur Fußsohle. Bei nur wenigen Menschen ist der Körper so ideal proportioniert. Dennoch wirkt jeder Körper harmonisch, wenn wir die »zu kurzen« Strecken optisch verlängern und die »zu langen« optisch verkürzen. Wenn wir uns unseren Proportionen gemäß kleiden, wirkt die Figur dann eben doch »ideal«.

Ein schöner Nebeneffekt der stimmigen Kleidung ist, dass man besonders schlank und groß wirkt. Sie kennen dies vielleicht von sich selbst: Manchmal sieht man in seiner Kleidung dicker oder dünner aus, als man ist. Das hat etwas mit optischer Täuschung zu tun und mit dem Einsatz von waagerechten und senkrechten Linien: Jede waagerechte Linie lässt die Körperregion, an der sie sich befindet, kleiner und damit dicker wirken. Eine senkrechte Linie an dieser Stelle lässt den Bereich automatisch länger und damit schmaler aussehen. Sie können also durch ihre Kleidung um einige Zentimeter größer oder kleiner oder um einige Kilo dicker oder dünner wirken. Nach meinen Erfahrungen betonen viele Menschen mit ihrer Kleidung allerdings eher ihre »Problemstellen« als die optischen Vorzüge.

Wir unterscheiden drei verschiedene Figur-Typen.

- *1. Lange Beine, kurzer Oberkörper, die typische Modellfigur.*
Die optische Mitte verschiebt sich nach unten, also unterhalb der Schritthöhe, und so lang sollte dann auch das Oberteil sein, wenn Sie stimmig wirken möchten. Sie sollten alles vermeiden, was den Oberkörper kürzer wirken lässt: Auffällige Muster, andersfarbiger Gürtel, starke Farbkontraste, Kimono und Raglanärmel, Taschenklappen auf dem Jacket usw.

- *2. Langer Oberkörper, zu kurze Beine, der asiatische Figur-Typ.*
Natürlich sehen Sie wunderschön in Ihrem Kimono aus, weil er Sie nämlich durch den Gürtel im eher langen Oberkörper kürzer wirken lässt und damit die Beine optisch verlängert. Die Mitte liegt also oberhalb der Schritthöhe und sie sollten alle waagerechten Linien im Beinbereich wie beispielsweise Aufschlag auf der Hose, andersfarbige Strümpfe bzw. Schuhe, gemusterte Hosen oder Röcke meiden.

- *3. Dieser Figur-Typ entspricht fast dem Ideal.*
Er ist im mittleren Bereich nur etwas kürzer als oben und unten. Das bedeutet, es kann im mittleren Bereich auf waagerechte Linien verzichtet werden, um die ideale Linie sichtbar zu machen. In meinen Seminaren erlebe ich oft, dass jemand diesem Idealtyp entspricht, obwohl er dies häufig gar nicht glauben mag.

Jedes kleine Detail unserer Kleidung sendet Botschaften an diejenigen, denen wir begegnen. Diese optischen Signale wecken Emotionen, und das geht blitzschnell. Untersuchungen haben gezeigt: 150 Millisekunden, nachdem wir einen Menschen zum ersten Mal gesehen haben, ist ein Gefühl entstanden, und nach maximal 90 Sekunden ist, wie erwähnt, daraus der viel zitierte »erste Eindruck« geworden (siehe Seite 101 f.). Das gesprochene Wort oder die berufliche Kompetenz ist bei dieser Erstbegegnung von viel geringerer Bedeutung. Psychologen erklären das so: Emotionale Botschaften – Bilder – haben immer Priorität. Solange

---

Giorgio Armani, Modedesigner

Stil ist Stimmigkeit. Die Beziehung zwischen einer Person und dem, was sie trägt.

unser Gehirn damit beschäftigt ist, werden keine Sachinformationen verarbeitet, unser Denken und Zuhören ist blockiert.

Wie immer, können wir natürlich auch hier Einfluss darauf nehmen, wie wir beim anderen ankommen wollen: Wenn es beispielsweise Ihr Wunsch ist, dass die anderen Ihnen zuhören, ist es wichtig, nicht mit der Kleidung, bunten Mustern und Schmuck abzulenken. Denn abgelenkt ist nicht zugehört. Wenn jemand zu Ihnen sagt: »Haben Sie aber eine tolle Brille!«, war zwar in diesem Moment die Brille da, aber *nicht Sie*. Sie allein entscheiden, was von Ihnen wirken soll!!!

Das Auge bleibt immer dort stehen, wo es »etwas zu sehen« gibt. Typische »Blickfänge« sind zum Beispiel helle Punkte und Flächen (denken Sie an die klassischen weißen Socken zum dunklen Anzug) und auffällige Accessoires, große Muster, Kontraste – und natürlich Schmuck. Insbesondere wenn es Ihnen darum geht, dass der andere Ihnen folgen kann, Sie aber dazu neigen, mit den »Händen« zu reden, würde ich Ihnen empfehlen, so gut wie gar keinen Schmuck an der Hand zu tragen.

Das Umgekehrte gilt, wenn Sie »insgesamt rüberkommen« möchten: Sollte es Ihnen im Moment nicht wichtig sein, ob Sie mit Ihrem Outfit von sich ablenken, sind Farbe, Muster, Schmuck etc. genau richtig.

Zu meinen Kunden gehört auch die Nachrichtenredaktion eines Fernsehsenders. Im Fernsehen geht es ja immer darum, die Aufmerksamkeit des Zuschauers zu gewinnen und zu halten, damit er nicht auf einen anderen Kanal umschaltet. Das geschieht vor allem durch optische Reize. In einer Nachrichtensendung ist es

aber auch wichtig, dass die Leute zuhören und die Nachrichten verstehen. Nachrichtensprecher haben die Illusion, dass die Menschen Ihnen zuhören. Dieser Wunsch ist ja durchaus nachvollziehbar, umso erstaunlicher ist jedoch die Erfahrung mit Anrufern in den Zuschauerredaktionen. Dort wird fast nie Stellung genommen zu dem gesprochenen Wort, sondern die Zuschauer rufen an und fragen nach: Warum hat die Moderatorin jetzt kurze Haare? Warum lässt sich XY einen Bart wachsen? Woher hat Z die Bluse ... Deshalb habe ich mit den Moderatoren und Moderatorinnen ein paar einfache Regeln erarbeitet, und eine der wichtigsten lautet: Wenn es »eine dichte Nachrichtendecke« gibt, also viel Text für die paar Minuten Sendezeit, sind nicht mehr als drei optische Signale erlaubt, zum Beispiel zwei getragene Farben und ein Schmuckstück. Auf diese Weise können die Sprecher erreichen, dass die Zuschauer schon bei der ersten Nachricht aufmerksam zuhören, ihr Interesse geweckt wird und sie »dranbleiben«, statt mitten in der Sendung umzuschalten. Im Sommerloch, wenn es kaum echte Nachrichten, sondern vor allem »heiße Luft« zu berichten gibt, gilt die Devise: Zieht euch bunt an. Es hört sowieso keiner zu ...

Auch in anderen Zusammenhängen der Redekunst hat sich das Prinzip der optischen Signale bestätigt: Nach einem Fachvortrag wurden die Zuhörer gefragt, was ihnen am wichtigsten gewesen sei. Das Ergebnis: 56 Prozent hatten vor allem das Gesamtbild und die Körpersprache des Referenten wahrgenommen. 33 Prozent erinnerten sich überwiegend an den Sprachstil und die Betonungen des Vortragenden und nur 11 Prozent fanden den Inhalt am wichtigsten.

Wenn Sie mehr über Ihre eigenen optischen Signale wissen möchten, kann die folgende Übung Ihnen dabei helfen. In meinen Seminaren bitte ich die Teilnehmer, zu zweit zu arbeiten und sich gegenseitig zu »bepunkten«. Wenn Sie allein sind, machen Sie die Übung möglichst vor einem Spiegel. Aus der Entfernung sehen Sie nämlich am besten, wie Ihre Signale bei anderen ankommen.

MEINE OPTISCHEN SIGNALE

Vergeben Sie für jedes Merkmal einen Punkt (auch für jede getragene Farbe). Ist das Merkmal besonders auffällig (Beispiel: mehrfarbige Brille, große Ohrringe), bekommt es zwei Punkte. Ist ein Merkmal bei Ihnen mehrfach vertreten, bekommt es auch mehrere Punkte. (Beispiel: drei Ringe = drei Punkte.) Alles, was paarweise getragen wird (Ohrringe, Haarspangen rechts und links), bekommt einen Punkt pro Paar.

jede getragene Farbe
auffällige Haarfarbe (natürlich oder gefärbt)
Haarschmuck, je Teil
schlichte Ohrringe
auffälliges Augen-Make-up
Brille / Brillenkette
auffälliger Lippenstift
Bart oder Schnurrbart
Krawatte / Fliege
Halskette / Anhänger
Schleifen / Krawatte / Fliege
Brosche / Abzeichen / Sticker / Krawattenschmuck
Knöpfe in Kontrastfarben
Tuch / Einstecktuch
Manschettenknöpfe
Hosenträger
Gürtelschnalle in Kontrastfarbe
Armbanduhr / Ring
Armreif / Armband
farbiger Nagellack
Handtasche / Aktentasche
Strümpfe in Kontrastfarbe
Schuhe in Kontrastfarbe
andere auffällige Merkmale

Summe: ....

Auch bei dieser Übung gibt es keine »guten« oder »schlechten«, sondern allenfalls »zweckmäßige« Ergebnisse. Mit optischen Signalen können wir jedoch bestimmen, wie wir und unsere Worte wahrgenommen werden. Hier das Ergebnis:

0–4 Punkte bedeuten, dass Sie mit optischen Signalen sehr sparsam umgehen. Das ist von Vorteil in Situationen, in denen Sie das Gefühl haben, Ihre ganze Person einbringen zu müssen, um Erfolg zu haben – zum Beispiel in einem Bankgespräch, bei einer Präsentation oder bei der ersten Verabredung mit einem Menschen, der Ihnen wichtig ist. Je weniger »Blickfänge« Sie einsetzen, desto aufmerksamer wird Ihr Gegenüber auf Ihre Worte und Ihre Persönlichkeit achten.

5–9 Punkte sind für die meisten Menschen das richtige Maß vor allem im beruflichen Alltag. Dieses Budget an optischen Signalen erlaubt Ihnen individuelle Akzente in der Erscheinung, ohne von Ihrer Kompetenz abzulenken.

10–14 Punkte werden Sie haben, wenn Sie vor allem über Ihr Aussehen und Ihre Kleidung wahrgenommen werden wollen. Im privaten Bereich ist dieses Styling häufig an der Tagesordnung und in einigen Berufen kann dies sogar recht »werbewirksam« sein. Ernsthaftigkeit und Fachwissen sind dann zunächst vielleicht weniger gefragt als eine gute Inszenierung. Aber es muss Ihnen klar sein, dass Sie dadurch weniger über Ihre Person gesehen werden.

Ab 15 Punkten senden Sie so viele optische Signale, dass Sie überall sofort auffallen. Natürlich können Sie auch in solch einem Outfit menschliche Präsenz oder berufliches Fachwissen vermitteln, verstanden werden und sich Respekt verschaffen. Die Wahrscheinlichkeit ist jedoch groß, dass Sie nun überhaupt nicht mehr über ihre Person wahrgenommen werden, sondern dass sich Ihre Gesprächspartner vor allem an Ihre schönen Ohrringe, die herrliche Kette und die eindrucksvoll geschminkten Augen erinnern – und erst in zweiter Linie an das, was Sie gesagt haben.

WOHIN DAS AUGE SIEHT

Wichtig ist natürlich nicht nur die Anzahl, sondern auch die Art und »Verteilung« unserer optischen Signale. Knallrote Schuhe lenken den Blick auf die Füße; ein Namensschild auf der Brust bewirkt, dass jeder zuerst auf Ihre Brust sieht. Wenn Sie sich dieser Zusammenhänge bewusst sind, können Sie Ihre »Blickfänge« demnach geschickt platzieren und so die Blicke der anderen steuern, wie Sie es wollen.

Menschen, denen wir zum ersten Mal begegnen, wissen nichts oder nur wenig über uns, wir haben bei ihnen noch keinen »Vertrauensvorschuss«. Um uns besser einschätzen zu können, orientieren sie sich unbewusst an den Merkmalen, die sozusagen an der Oberfläche liegen, und dazu gehören eben die optischen Signale. Es ist daher hilfreich, sich dieser Botschaften bewusst zu sein.

HAARE ALS BOTEN DER SEELE

Die Urvölker hielten den Kopf für heilig und das Haar für die Verlängerung der Persönlichkeit, für den Sitz der Seele. Von den nordamerikanischen Indianerstämmen wissen wir, dass sie ihre Feinde mit der Vorstellung skalpierten, so deren Seele in Besitz nehmen und den Feind daran hindern zu können, zu fliehen und sich später zu rächen. Für sie wohnten im Haar nicht nur Seele und Kraft, sondern es war auch das Symbol für Männlichkeit. Der Besitz eines Skalps, der als Siegestrophäe galt, vergrößerte ihre eigene magische Kraft.

Unser Haar kleidet und schmückt unser Haupt wie eine Krone und beschützt unser Gehirn, kein Wunder also, dass ihm höchster Symbolwert zukommt. In den Haaren eines Menschen steckt etwas von seinem ureigenen Kern und ein Stück seiner Erinnerung. Haare stehen somit auch für unsere Wurzeln. Sie können also davon ausgehen, dass die Art und Weise, wie Sie Ihre Haare frisieren, ein gutes Bild von Ihrem Innenleben abgibt. Das Haar verleiht dem Gesicht Ausdruck und Gleichgewicht und kann unser Aus-

sehen wesentlich verändern. (...) Bei der Frau steht (das Haar) eher für Charme, Schönheit, Verführungskunst oder Sensibilität. Beim Mann ist es ein Zeichen seiner Kraft und Macht, seiner Männlichkeit und seiner Fähigkeit zu handeln. (Aus: M. Odoul und R. Portrait: *Was Haare verraten*)

Unsere Frisur ist wie das Barometer der Seele. Ich bin davon überzeugt, dass die Frisur, die wir tragen, nur zu einem kleinen Teil abhängig ist von den Modetrends. Denn viele Menschen verändern ihre Frisur oder sogar ihre Haarfarbe radikal, wenn in ihrem Leben ein Umbruch stattfindet – egal, was gerade »in« ist. Nicht selten steckt zum Beispiel ein seelisches Problem wie etwa eine Trennung dahinter, wenn Frauen sich die Haare abschneiden lassen und sich damit auch äußerlich von ihrem früheren Ich verabschieden. Der Schnitt markiert sinnbildlich den Abschied vom alten Zopf und zugleich Neuanfang.

Unsere Haare und unsere Art, sie zu frisieren, geben (wie unsere Kleidung) der Umwelt wichtige Signale. Im Folgenden sollen einige genannt werden, wobei die jeweiligen Charakteristika als Orientierung zu verstehen sind, und nicht als Maß aller Dinge, mit dem Sie bei sich selbst und bei anderen das »Härchen in der Suppe« finden wollen ...

> Melanie Griffith
>
> Wenn du willst, dass die Leute dich ernst nehmen, brauchst du ernst zu nehmende Haare.

- Die freie Stirn signalisiert Weltoffenheit, Dynamik und Offensive. Menschen, die ihre Haare aus dem Gesicht frisieren, haben keine Angst vorm Leben, sie »bieten der Welt die Stirn«.
- Die bedeckte Stirn ist Schutz vor der Außenwelt. Menschen mit Angst vor dem Leben signalisieren damit Zurückhaltung und Verschlossenheit. Sie verstecken sich hinter ihren Haaren, die Kraft ihrer Intuition wird ihnen nicht bewusst, und sie verschließen sich ihrer feinsinnigen Wahrnehmung.
- Der Mittelscheitel als Mittelpunkt der Frisur deutet auf ein Bedürfnis nach Symmetrie und Gleichgewicht hin. Die linke (emotionale, »weibliche«) und die rechte (rationale, »männliche«) Seite sind zu gleichen Teilen aufgeteilt. Menschen, die sich so frisieren, verfügen über Ausdauer und Zielstrebigkeit; sie sind auf der Suche nach Ausgeglichenheit, Standhaftigkeit und Gerechtigkeit.

- Der Scheitel links teilt die »weibliche« Seite. Dieses Signal kann sich auf die eigene Weiblichkeit beziehen oder im übertragenen Sinne auf Weibliches (Mutter, Frau, Geliebte, Tochter, Kirche, Unternehmen usw.).
- Der Scheitel rechts unterteilt den »männlichen« Bereich. Dieses Signal kann darauf hindeuten, dass Menschen ihre eigenen »männlichen« Anteile nicht anerkennen oder sich im übertragenen Sinne (Vater, Mann, Liebhaber, Sohn, Hierarchie, Autorität usw.) mit Männlichkeit auseinander setzen.
- Freie Schläfen signalisieren einen erweiterten Blickwinkel für sich selbst und die Welt. Menschen, die sich so frisieren, zeigen offen ihre Gefühle.
- Ein freier Nacken symbolisiert, dass das Innenleben oder existentielle Grundsätze offen liegen. Diese Menschen präsentieren sich ohne jeden Vorbehalt unserer Umwelt.
- Ein Bart verdeckt (versteckt) Teile des Gesichts und somit auch Teile der Persönlichkeit. Bartträger können ihre Gefühle und sensiblen Bereiche ihrer Persönlichkeit eher verbergen und Nähe abwehren.

SEIEN SIE AUTHENTISCH!

Wie wir bisher gesehen haben, gibt es viele Möglichkeiten, sich optisch ins rechte Licht zu rücken, sofern einige Regeln und Gesetzmäßigkeiten beachtet werden. Weshalb aber hält sich bei manchen das hartnäckige Unbehagen, den Ansprüchen anderer – und den eigenen! – nicht zu genügen? Viele sind auch deshalb unzufrieden mit sich selbst, weil sie von sich verlangen, rund um die Uhr attraktiv zu sein. Wenn es auch Ihnen so geht, hören Sie auf, diesem Ideal nachzujagen. Denn: *Wer sich verstellt, verliert sich selbst!*

Natürlich können wir uns nicht immer so verhalten und so kleiden – insbesondere im Berufsleben nicht –, wie uns innerlich zumute ist. Viele vergessen aber, diese Zwänge dann abzulegen, wenn es wie zum Beispiel nach Feierabend längst möglich wäre, und fühlen sich auch im Privatleben verpflichtet, immer perfekt zu sein und gut auszusehen, selbst wenn ihnen nicht danach zumute ist. Was spricht dagegen, sich in manchen Situationen so anzuziehen, dass die eigene Erschöpfung für andere sichtbar ist? Wir wundern uns oft, dass andere Menschen uns ständig mit Arbeit zuschütten und uns überfordern. Wenn ich mich aber andererseits so kleide, dass ich energievoll und dynamisch wirke, und entsprechend »kompetente Farben« trage, spreche ich ja auch keine andere »Einladung« aus!

Sicher kennen Sie das Gefühl, »an Ihren Grenzen«, im Job, im Leben überfordert zu sein. An solchen Tagen bleibt immer noch Arbeit liegen, sosehr Sie sich auch anstrengen. Sie machen sich auf den Heimweg und denken: Hoffentlich will zu Hause keiner mehr was von mir, hoffentlich muss ich jetzt nicht auch noch kochen. Wie immer, sind wir auch in dieser Situation selbst dafür verantwortlich, wie wir auf andere wirken. Wenn wir innerlich längst am Ende sind, braucht es auch das richtige äußere Signal. Mein Kleiderschrank beispielsweise gibt immer auch genügend »so genannte Fehlfarben« her. Wenn ich erschöpft bin und das – außerhalb des Jobs – auch zeigen will, ziehe ich diese Farben ganz bewusst an. Darin sehe ich dann so müde aus, dass kein Mensch auf die Idee kommen würde, mich noch mit weiteren Aufgaben zu beglücken.

Es gibt keine »richtigen« und »falschen« Farben oder Kleidungsstücke. Entscheidend ist, was wir vermitteln wollen: Möchten wir im Mittelpunkt stehen, sollten wir uns entsprechend anziehen. Möchten wir gar nicht wahrgenommen und in Ruhe gelassen werden, sollte auch unsere Kleidung unscheinbar ausfallen.

Sich selbst zu mögen heißt auch, in jeder Situation möglichst echt und ehrlich zu sein. Kein Mensch kann immer ausgeschlafen, gut gelaunt und fit sein. Wer rund um die Uhr diesen Eindruck erweckt, macht sich selbst und anderen etwas vor. Deshalb: Wenn es Ihnen einmal nicht so gut geht, wenn Sie schlecht gelaunt oder traurig sind, haben Sie den Mut, dazu zu stehen. Und das bedeutet ja nicht, seinen Ärger an anderen auszulassen oder in endloses Jammern zu verfallen. Wie weit wir die Tür zu unserem Inneren öffnen, müssen wir immer wieder neu entscheiden.

Um es noch einmal zu betonen: Was wir von uns zeigen, die Signale, die wir senden, sollten echt sein. Vielen fällt das schwer, weil sie von ihrem Wesen und ihrem Gefühlsleben her am liebsten nur das Helle, das Positive nach außen tragen. Stress entsteht jedoch immer dann, wenn wir anders denken/fühlen, als wir reden. Doch das Leben hat auch dunkle Momente. Sie gehören ebenso dazu wie die Sternstunden und Glückstage. Menschen, die sich selbst und ihr Aussehen nehmen wie das Leben, haben dieses innere Strahlen, das wir alle so bewundern – weil sie sich geben, wie sie sind.

EIN NEUER ANFANG

Da sind Sie nun am Ende Ihrer Entdeckungsreise durch die magische Welt der Ausstrahlung – Ihres Charismas – angekommen. Einer Reise durch Farben, Stil, Persönlichkeit und durch sieben positive Glaubenssätze, die Ihnen jetzt und künftig zur Seite stehen mögen, wenn Sie Ihren Weg gehen. Wir haben gesehen, dass Ausstrahlung viel nach außen bringt, aber auch erkannt, dass alle äußerlichen Signale schnell verblassen, wenn sie nicht fortwährend innerlich genährt werden durch Offenheit, Selbstvertrauen, Hingabe und die Kraft der Gedanken.

»Positiv Denken« allein genügt allerdings nicht – wir müssen auch positiv »handeln«, um glücklicher zu werden und um das zu bekommen, was wir wollen. Ständiger Stress im Alltag lässt sich nicht »wegdenken«. Wer darunter leidet und etwas ändern will, sollte konsequent die Ursachen herausfinden und Auswege suchen. Das kann ein anstrengender Prozess sein, und wir brauchen vielleicht Unterstützung und fachlichen Rat, um unser Ziel zu erreichen. Während dieses Weges erkennen wir manchmal, dass dafür ein radikaler Schnitt nötig ist, dass man zum Beispiel einen Arbeitsplatz, der einen »krank macht«, oder sogar einen anderen Menschen verlassen muss. Oder wir entscheiden ganz bewusst, eine Situation vorerst so zu belassen, wie sie ist, weil eine Veränderung uns im Moment einen zu hohen Preis abverlangen würde.

Entscheidend ist, dass wir entscheiden. Entscheidend ist, dass wir unser Leben leben und nicht umgekehrt uns »leben lassen«, willenlos umhertreiben. Wichtig ist, sich immer wieder klarzumachen: *»Eine Änderung fängt zuallererst bei mir selbst an.«*

Letztendlich geht es nicht um die Welt, es geht nicht um die anderen – es geht um Sie! All das, was Sie sich erträumen, ist nur ein Gedanke von Ihnen entfernt – aber nur *Sie* können ihn denken.

WIR MÜSSEN GAR NICHTS

In einer Partnerschaft oder auch am Arbeitsplatz ist die Entscheidung zwischen »bleiben« oder »gehen« ein ernster Konflikt, aus dem für viele eine Lebenskrise wird. Doch bei den meisten Entscheidungen, die wir zu treffen haben, steht viel weniger auf dem Spiel. Und trotzdem quälen wir uns damit, stehen uns selbst im Weg. Im Großen und im Kleinen gilt: Es liegt an uns, zu bestimmen, wo die Reise hingehen soll, denn wir können immer wählen, ob wir akzeptieren oder verändern wollen. Als ich mein starkes Übergewicht mit mir herumschleppte – und das ist in diesem Fall wörtlich gemeint –, gab es für mich aus meiner heutigen Sicht zwei Möglichkeiten:

Die erste Möglichkeit: Ich akzeptiere mein Übergewicht, ich nehme es an als einen Teil von mir, ich finde mich gut mit allen meinen Pfunden, ich mag mich, wie ich bin! Ich kann also weiterhin naschen und Heißhunger-Anfällen nachgeben. Wenn ich will, kann ich mich so kleiden, dass ich um einige Kilo schlanker wirke, doch das ist kein Muss.

Die zweite Möglichkeit: Ich akzeptiere mein Übergewicht nicht, ich mag mich damit nicht leiden. Dann genügt es natürlich nicht, nur zu denken: »Ich will normalgewichtig sein«, sondern ich muss, wie erwähnt, auch die Ursachen herausfinden und Auswege suchen.

Fünfzehn Kilo oder mehr abzunehmen kostet Energie, aber es ist zu schaffen. Und es ist wiederum nichts, was wir tun *müssen*. Wir *dürfen* es tun, wir haben die Wahl. Wir können die Kraft der Gedanken vorauswerfen und hinterherlaufen. Das Leben lässt uns die Wahl, wir brauchen das Geschenk nur anzunehmen! Nochmals: Die Kraft der Gedanken zu kennen ist für alle, die sich mit ihrer Ausstrahlung beschäftigen, enorm wichtig. Denn Gedanken und Gefühle beeinflussen sich gegenseitig, und beide zusammen bilden unsere innere Welt.

Henry David Thoreau

Die Dinge verändern sich nicht, nur wir verändern uns.

Wir verleihen unserer Ausstrahlung Kraft, indem wir die Vergangenheit in unserem Körper klären.

Beschwingt und heiter neue Wege gehen

HEUTE IST EIN LÄCHELTAG

Das ist mein Lebensmotto! Meine Tochter Katharina hat es kreiert, als sie drei Jahre alt war. Wir hatten eine sehr schwierige Phase in unserem Leben und es ging mir nicht besonders gut. Eines Morgens dann, als wir im Auto saßen, sah Katharina wohl mein trauriges Gesicht im Rückspiegel und sagte zu mir: »He, Mami, guck nicht so traurig, heute ist doch ein Lächeltag!« Dieser Satz berührte und tröstete mich sehr, und ich schrieb ihn dick und fett mit Lippenstift auf unseren Badezimmerspiegel.

Ich fuhr damals ein kleines, schwarzes Auto, das den Kindern wegen der »traurigen« Farbe nicht gefiel, und sie bestanden darauf, dass wenigstens ein bunter Aufkleber darauf zu sehen sein müsse. Ich aber mag keine Aufkleber und dachte, wenn schon, dann aber nur mit unserem neuen Motto *Heute ist ein Lächeltag*®. Ich ließ mir also solche Aufkleber machen, brachte einen am Auto an und fuhr damit zu meinen Kunden. Allerdings nicht immer souverän, denn manchmal fragte ich mich schon, was wohl die Leute denken mochten.

Doch eines Tages machte er mich richtig froh, und das kam so: Ich fuhr mit meiner »Keksdose« durch Kiel und bemerkte im Rückspiegel, dass mich ein Mann im Auto hinter mir immerzu beobachtete. Kaum standen wir an einer Ampel, sprang er aus dem Wagen und klopfte an meine Fensterscheibe. Als ich sie überrascht herunterdrehte, drückte der Mann mir einen Kuss auf die Wange, rief lachend: »Nein, nein – heute ist ein Küsschentag«, und verschwand wieder.

Heute verkaufen wir »Lächeltag«-Aufkleber, -Blöcke und -Poster und spenden den Erlös an Clowns, die in Kliniken schwer kranke Kinder zum Lachen bringen.

Thich Nhat Hanh

Der ganze Kosmos ist erforderlich, um eine einzige Blume hervorzubringen.

GLAUB AN EIN WUNDER, WEIL DU SELBST EINES BIST

Es ist Zeit, aufzuwachen, um die Wunder in sich selbst zu entdecken. Es liegt ganz allein bei Ihnen. Denn wie jeder Mensch können auch Sie Ihr Charisma, Ihre positive Ausstrahlung und Ihre Fähigkeit, sich selbst zu lieben, dadurch stärken, indem Sie eine harmonische Verbindung zwischen Ihrem inneren und äußeren Bild herstellen. Ich bin fest davon überzeugt: Durch Ihre Gedanken und Urteile über Ihren Körper, über Ihr Aussehen, über Ihre Handlungsweisen erschaffen Sie sich selbst. Oder, ganz einfach ausgedrückt: Wenn Sie sich schön finden, sind Sie schön. Wenn Sie sich klug finden, sind Sie klug.

Tun Sie doch künftig einfach dasselbe wie meine kleine Tochter, wenn Sie morgens in Ihren Badezimmerspiegel schaun: sich schön finden und sich selbst genießen! Versuchen Sie doch einmal, sich beim nächsten Blick in den Spiegel dreißig Sekunden lang anzulächeln ... Sie werden staunen, wie sich das auf Ihr Wohlbefinden, Ihre seelische Verfassung und Ihre Ausstrahlung auswirkt!

Ich sprach in diesem Buch auch vom heiligen Boden der Seele, dem intimen Raum mit seinen inneren Lichtern, die nach außen strahlen. Jeder von uns kann viel dazu tun, um diesen Raum zu pflegen und noch weiter zu verschönern. Einige Anregungen dafür haben Sie bereits kennen gelernt. Bleiben Sie motiviert. Schenken Sie sich Selbstvertrauen. Glauben Sie an ein Wunder, weil Sie selbst eines sind! Die starke Ausstrahlung, nach der Sie sich sehnen, kommt dann ganz von allein. Was auch immer in Ihrem Leben noch passieren wird:

> **Hermann Hesse, Siddhartha**
>
> Und über kein Ding der Welt weiß ich weniger als über mich. Die Ursache, warum ich mir so fremd bin und unbekannt geblieben bin, ist: Ich hatte Angst vor mir, ich war auf der Flucht vor mir. Ich suchte außerhalb von mir – war bereit, mein Ich zu zerstückeln. Ich ging mir dabei selbst verloren.
> Er fühlte ein tiefes Erwachen aus langen Träumen.
> Nun will ich mich nicht mehr entschlüpfen lassen.
> Ich will bei mir selbst lernen – das Geheimnis, das ich bin.
> Er blickte sich um, als sähe er die Welt zum ersten Mal.
> Blau war blau, gelb war gelb.
> Und er beschloß, sein Leben noch einmal neu zu beginnen.

Ich wünsche Ihnen von ganzem Herzen gute Gefühle und Gedanken und dass Sie sich selbst Ihr allerbester Freund werden.

WEGBEREITER, WEGGEFÄHRTEN

Dieses Buch hat seine ganz eigene Entstehungsgeschichte und viele Wegbereiter und -gefährten, die es begleiteten und seiner Idee Gestalt gaben. Mein großes DANKE in allen Regenbogenfarben geht deshalb an: Christine Tsolodimos, die auf kreative Weise dafür sorgte, dass meine Gedanken laufen lernten; Constanze Wild, die mit ihrer besonderen Gabe magische Augenblicke und ganz persönliches Sosein in einfühlsamen Bildern festhielt; meine Kinder Katharina und Maximilian, die sehr verständnisvoll Mami nachdenken und schreiben ließen; Karola Nolte, die all meinen Selbstzweifeln mit Engelsgeduld begegnete und mir viel über das Geheimnis schöner Haare verriet; Regina Bergner, die mit traumwandlerischer Sicherheit an den Erfolg des Projekts glaubt und es gedanklich über jede Hürde hievt; Ulrike Reverey, meine Lektorin, die mit ihrem ganzen Herzen und einer unglaublichen Hingabe dieses Buch ins Leben holt; Armin Köhler, der ihm über das elegante Innenlayout sein schönes Gesicht gab; all die unzähligen Menschen in meinem beruflichen Umfeld, die mit ihrer Einzigartigkeit dieses Buch inspirierten, darunter auch die bemerkenswerten Teilnehmer des Seminars über Ausstrahlung im Sommer 2001, die fotografische Einblicke in ihre Persönlichkeit erlaubten; ich danke allen, die dieses Buch lesen, seine Botschaft aufnehmen und nach außen tragen.

Mein tief empfundener Dank geht an Samy Molcho, der mir vor vielen Jahren den entscheidenden Impuls gab, loszugehen und mich in diesem Leben authentisch zu bewegen.

Liebevoll beschützt fühle ich mich auch von allen guten Energien, die dieses Universum in sich birgt. Auf dem Weg zu diesem Buch wurde ich durch manch wundersame Begegnung, glückliche Fügungen und kostbare Momente daran erinnert, was diese Welt zusammenhält, und immer wieder reich beschenkt.

DANKE!

LITERATUREMPFEHLUNGEN

Sabine Asgodom: *Erfolg ist sexy*. Kösel, München ²2000
James Asher: *Feet in the Soil* (CD mit Trommelmusik). New Earth Records, München 1995
Sergio Bambaren: *Der träumende Delphin*. Kabel, München ³2001
Thomas Baschab/Peter Prange: *Träume wagen*. Knaur, München 2001
Flavio M. Cabobianco/A.H. Brostrom (Hrsg.): *Ich komme aus der Sonne*. Falk, Ostfildern 2002
Dale Carnegie: *Wie man Freunde gewinnt*. Scherz, München 1986
Lee Carroll/Jan Tober: *Die Indigo Kinder*. Koha, Burgrain 2000
Suzy Chiazzari: *Das große Farbenbuch*. Goldmann, München 1999
Paolo Coelho: *Der Alchimist*. Diogenes, Zürich 1996
Paolo Coelho: *Am Ufer des Rio Pidra saß ich und weinte*. Diogenes, Zürich 2000
Stephen R. Covey: *Die sieben Wege zur Effektivität*. Campus Verlag GmbH, Frankfurt/New York ¹¹2000
Rüdiger Dahlke: *Krankheit als Sprache der Seele*. Bertelsmann, Gütersloh 1992
John Diamond: *Der Körper lügt nicht*. VAK, Kirchzarten ¹²1995
René Egli: *Das LOLA-Prinzip*. Edition-d'Olt, Oetwil 1996
Scilla Elworthy: *Power & Sex – Das weibliche Prinzip und die Kraft zur Veränderung*. Droemer Knaur, München 1999
Heinrich Frieling: *Farbe hilft verkaufen*. Hansen-Schmidt-Verlag, Göttingen 1981
Johann Wolfgang von Goethe: *Die Farbenlehre*. Freies Geistesleben, Stuttgart ⁶1997
Olivia Goldsmith/Amy F. Collins: *Stil mit Gefühl*. Rowohlt, Reinbek 1999
Daniel Goleman: *EQ². Der Erfolgsquotient*. Hanser, München 1999
Margit Grieshammer: *Das Geheimnis der Ausstrahlung*. Schmidt, Stockheim 2000
Louise Hay: *Leben mit Louise L. Hay. Das große Buch der wahren Kraft*. Heyne, München 2000
Eva Heller: *Die wahre Geschichte von allen Farben*. Lappan, Oldenburg 1994
Eva Heller: *Wie Farben auf Gefühl und Verstand wirken*. Droemer Knaur, München 2000
Hermann Hesse: *Siddhartha*. Suhrkamp, Frankfurt/M. 1998
Jane Hundley: *Die Macht Ihrer Ausstrahlung*. Aurum, Braunschweig ²1997
Karin Hunkel: *Das Arbeitsbuch zur richtigen Farbentscheidung*. Hugendubel, München ²1996
Karin Hunkel: *Die Kraft der Farben*. Gräfe und Unzer, München ⁴2000
Marcia Germaine Hutchinson: *Ich bin schön!* Hugendubel, München 1999
Reinhold Kopp: *Das Geheimnis schöner Haare*. Kösel, München ³2002
Jean Liedloff: *Auf der Suche nach dem verlorenen Glück*. Beck, München 1999
Jennifer Louden: *Dein Leben – mach was draus!* Bauer, Freiburg ³2000
Dan Millman: *Die Goldenen Regeln des friedvollen Kriegers*. Ludwig, München 1993
Dan Millman: *Der Pfad des friedvollen Kriegers*. Ludwig, München 2000
Bärbel Mohr: *Der kosmische Bestellservice*. Omega, Stuttgart ⁵2000
Samy Molcho: *Alles über Körpersprache*. Mosaik, München 2002
Ursula Nuber: *Schöner werden wir morgen*. Scherz, München 2000
Michel Odoul/Rèmy Portrait: *Was Haare verraten*. Aurum, Braunschweig 2000
Petra Otto: *Immer mit der Ruhe*. Rowohlt, Reinbek 2000
Jirina Prekop: *Hättest du mich festgehalten*. Kösel, München ⁵1995
Jirina Prekop: *Von der Liebe, die Halt gibt*. Kösel, München ³2002
Anthony Robbins: *Das Powerprinzip*. Heyne, München 1995
Markus Schirner: *Atem-Techniken*. Schirner, Darmstadt 2000
Chuck Spezzano: *Von ganzem Herzen lieben*. Ludwig, München 2000
Alfred R. Stielau-Pallas: *... auch du bist ein Engel auf Erden*. Pallas, Welver-Dinker, 1987
Alfred R. Stielau-Pallas: *Ja, aber ... Die Macht der Dankbarkeit*. Pallas, Welver-Dinker, 1998
Paul Wilson: *Zur Ruhe kommen*. Rowohlt, Reinbek 2001
Eva Wlodarek: *Mich übersieht keiner mehr*. Krüger, Frankfurt/M. 1997; Fischer, Frankfurt/M. 2002

KONTAKT

REGINA FÖRST

geb. 1959, Textil-Betriebswirtin, ist Persönlichkeits- und Stilberaterin in führenden Bereichen der Wirtschaft und Medienbranche – für alle, die beruflich und privat ihre Möglichkeiten optimieren wollen. Ihre Trainings basieren auf Aus- und Weiterbildungen in Psychologie, NLP, Farbenlehre und Körpersprache, unter anderem bei dem international bekannten Pantomimen Samy Molcho. – Sie ist außerdem Mitbegründerin von *först class*, einem Unternehmen für typgerechte Berufskleidung.
In ihren Seminaren und Einzelberatungen vermittelt Regina Först ein Selbstbewusstseinskonzept, das Menschen hilft, ihre innere Schönheit nach außen zu tragen und eine überzeugende positive Ausstrahlung zu gewinnen. Sie lebt in der Nähe von Kiel.

> Wer sich für Seminare und Beratungen interessiert oder den von Regina Först entwickelten Aufkleber »Heute ist ein Lächeltag®« beziehen möchte, erfährt mehr auf der Homepage oder wendet sich bitte an:
>
>
>
> **Regina-Först-Training**
> Am Kiebitzmoor 1, D-24241 Sören
> Tel.: 04322 / 69 23 45, Fax: 04322 / 69 23 46
> E-mail: info@regina-foerst.de
> Internet: www.regina-foerst.de

CONSTANZE WILD

geb. 1965, ist als freie Fotografin in den Bereichen Porträts – Mode – Kinder international tätig. In ihren Bildern wird auf berührende Weise die Authentizität des Augenblicks spürbar. Mit ihrer Passion unterstützt sie unter anderem unterschiedlichste Kinderprojekte im In- und Ausland.
Sie lebt in München.

> Für das vorliegende Buch begleitete sie Menschen während eines Ausstrahlungs-Seminars mit dem Leitgedanken »Berge deinen Schatz«, das im Sommer 2001 an einem ganz besonderen Ort, im zauberhaften Hotel *WildLand* (www.wildland.de) in Wietze b. Hannover stattfand: *Annette, Anke, Beate, Catharina, Christine, Claus, Edith, Eycke, Gunter, Harald, Katharina, Marianne, Maxi, Maximilian, Nicole, Regina B., Regina F., Siegfried, Stefanie, Tina, Ulrike* und *Ursula* zeigen die Schönheit ihrer Persönlichkeit. Ihnen allen gilt ein besonderer Dank.

Haare – der Schlüssel zur Persönlichkeit

Sind Sie zufrieden mit Ihren Haaren oder wollen Sie sie verändern? Und was haben Ihre Haare mit dem inneren seelischen Zustand zu tun?

Reinhold Kopps Erfahrung ist: Wer mit sich selbst ins Reine kommt und sich annimmt, wie er ist, der hat auch keine Probleme mit seinen Haaren.

»Dieses Buch ist wie ein Haarschnitt von Reinhold Kopp: Es macht Mut zur Veränderung, schafft einen klaren Kopf und hinterher kann man sich gut im Spiegel ansehen.« *(Sabine Asgodom, Managementtrainerin und Bestsellerautorin)*

Reinhold Kopp
DAS GEHEIMNIS SCHÖNER HAARE
Mehr Ausstrahlung durch innere Harmonie
198 Seiten. Klappenbroschur
ISBN 3-466-30541-1

Einfach lebendig.
PSYCHOLOGIE & LEBENSHILFE

Kösel-Verlag, München, e-mail: info@koesel.de
Besuchen Sie uns im Internet: www.koesel.de

Den *Zauber* der *Düfte erleben*

Sich selbst verwöhnen, innere Kraftquellen spüren, Körper und Geist entspannen und die Seele baumeln lassen:
25 ausgewählte ätherische Öle in Verbindung mit Meditation offenbaren, was sie können. Ein inspirierendes Buch für mehr Ruhe und Gelassenheit, Energie, Kreativität und Selbstvertrauen, für genussreiche Momente im Alltag, die immer wieder gut tun.

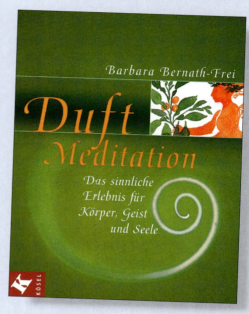

Barbara Bernath-Frei
Duft-Meditation
Das sinnliche Erlebnis für Körper, Geist und Seele
133 Seiten. Mit farbigen Illustrationen
ISBN 3-466-34434-4

Einfach lebendig.
PSYCHOLOGIE & LEBENSHILFE

Kösel-Verlag, München, e-mail: info@koesel.de
Besuchen Sie uns im Internet: www.koesel.de